Pharma-Industrie und Gesellschaft

Pharma-Industrie und Gesellschaft

Herausgegeben von
Alfred Payrleitner

Walter de Gruyter · Berlin · New York 1988

Herausgeber

A. Payrleitner
Hauptabteilungsleiter Wissenschaft
und Bildung des ORF,
Würzburggasse 30
A-1136 Wien

Satz: Arthur Collignon GmbH, Berlin – Druck: Gerike GmbH, Berlin – Bindearbeiten: D. Mikolai, Berlin.

Vorwort

Auf die Frage, ob sie „gestern" ein Medikament eingenommen hätten, antworteten 32 Prozent der Österreicher zwischen 14 und 65 Jahren mit einem klaren „Ja". So belegt es ein Markforschungsinstitut. Die Zahlen aus der Bundesrepublik zeigen einen ähnlich starken Konsum.

Das bedeutet – neben dem medizinischen und ökonomischen Aspekt – daß sich zumindest ein Drittel der aktiven Bevölkerung brennend dafür interessieren muß, welche Wirkung, aber auch welches etwaige Risiko mit der Arzneimitteleinnahme verbunden ist. In Wahrheit liegt dieses Informationsbedürfnis, zählt man die vielen Pensionisten dazu, noch weitaus höher. Nicht nur der Pharma-Markt ist riesengroß, auch der Markt der einschlägigen Informationen enthält ein enormes Nachfragepotential.

Seltsam ist nur, daß beide Bereiche in unseren Breiten erst so spät und mit derartigen Krämpfen zueinander fanden. Arzneimittelinformation: Das war Vertrauen in den Fortschritt plus Beipackzettel. Bis Umsatzgrößen, Kostenentwicklung, Fälle von Medikamentenmißbrauch und Zweifel an einer allzu mechanistisch begriffenen Form der Therapie mit einer neuen Generation von Ärzten und Journalisten zusammentrafen. Dann erschienen die „kritischen Ratgeber", begleitet von einschlägigen Artikeln und Fernsehberichten. Die Arzneimittelinformation fand zu einer anderen Sprache und damit auch zu einer anderen Richtung. Seit den „Bitteren Pillen" und ähnlichen Bestsellern hat sich eine Verhaltensänderung vollzogen. Patienten diskutieren mit Ärzten, kritische Journalisten mit Wissenschaftlern, Ärzte mit anderen Ärzten und alle miteinander beeinflussen über die Medien die Politik und damit die Behörden.

Für viele Mediziner und Pharmazeuten wirkte dieser Umbruch wie ein Schock. Und bei den Pharmafirmen herrschte oft genug der blanke Zorn – über manch falsche Bezichtigung, wegen überzogener Kritik und, wie es ihnen manchmal erschien, wegen ideologischer Tendenzen.

Doch selbst wenn dieser Krieg der Worte streckenweise noch immer geführt wird, so sollte nicht übersehen werden, was der erwähnte Klimawechsel an Positivem gebracht hat: Eine breitere Betrachtungsweise von Gesundheit und Krankheit. Neue, computergestützte Informationssysteme für die Medizin, eine Art „Frühwarnsystem". Den – wenn auch zögernden – Vormarsch der klinischen Pharmakologie nach dem Beispiel der USA. Und, immerhin, auch besser gebildete Journalisten, die im Laufe der

Auseinandersetzungen erfahren mußten, wo die Grenzen ihrer simplifizierenden „Gut/schlecht"-Einteilung der Medikamente liegen.

Das vorliegende Buch enthält in komprimierter Form die Stationen eines derartigen kritischen Dialoges, wie er am 15. und 16. Oktober 1987 aus Anlaß eines Symposions in Salzburg geführt wurde.

Veranstalter war die seit dem Herbst 1987 verselbständigte *CL-Pharma*, eine Tochter der Chemie-Linz AG. Das Management wollte damit das Signal eines neuen Aufbruchs geben und lud unter journalistischem Vorsitz Pharmakritiker und Forscher, Politiker und Ärzte, Industrielle und Beamte zur Konfrontation. Als zentrale Reizfigur trat dabei der Berliner Arzt Dr. Ulrich Moebius auf, Gründer eines Netzwerks zur Früherkennung von Arzneimittelrisiken. Vorher war er selber wissenschaftlicher Mitarbeiter eines Pharmaunternehmens und zeitweilig Sachverständiger des deutschen Bundesgesundheitsamtes, bis er dieses Mandat aus Protest gegen die Arzneimittelpolitik der Bundesregierung zurücklegte. Dazu kam der Journalist Dr. Hans-Peter Martin. Martin ist Mitautor der bekannten „Bitteren Pillen".

Wieder einmal stellte sich somit heraus, wie hilfreich es ist, wenn Motive und Interessen offen dargelegt werden und wenn bei jeglicher Problematik auch gleich die Art ihrer Aufnahme in der Öffentlichkeit berücksichtigt wird. Solche Offenheit schafft Glaubwürdigkeit und Glaubwürdigkeit ist gleichzeitig auch das beste Marketing.

Neben der Frage der Arzneimittelsicherheit wurden noch andere Themen behandelt: Die Trends künftiger Forschung, die Vollzugspraxis des österreichischen Arzneimittelgesetzes, die Frage nach den Kosten und das moderne Dilemma der Ethik angesichts von in vitro Befruchtung und scheinbarer wissenschaftlicher Allmacht.

Die Referate und Diskussionsbeiträge beider Symposionstage samt ihren vielfachen Anregungen finden Sie in diesem Buch.

Wien, August 1988 *A. Payrleitner*

Inhalt

Das österreichische Arzneimittelgesetz im Lichte der bisherigen Vollzugspraxis 1
F. Löschnak

Können wir uns das Kranksein noch leisten? 7
M. Neumann

Die Pharma-Sicherheitsbestimmungen der Europäischen Gemeinschaft ab 1992 17
C. A. Teijgeler

Arzneimittelsicherheit aus der Sicht der pharmazeutischen Industrie . . 23
J. Drews

Die Last des Überflusses – oder: vorgesehene oder unvorhersehbare Arzneimittelkatastrophen 31
U. M. Moebius

Diskussion 39

Arzt und Arzneimittelhersteller: Was beide voneinander erwarten können 55
W. Forth

Gesunde Geschäfte mit bitteren Pillen 61
H.-P. Martin

Die Verantwortung der chemischen Industrie gegenüber der Gesellschaft 69
F. Kafka

Neue Trends in der Pharmaforschung 79
H. Ferber

Ethik in der Medizin und Grenzen der Therapie 85
P. M. Plechl

Medizin – Medien – öffentliche Meinung 93
J. Kunz

Diskussion 99

Autorenverzeichnis 115

Das österreichische Arzneimittelgesetz im Lichte der bisherigen Vollzugspraxis

F. Löschnak

Dem Inkrafttreten des derzeit gültigen Arzneimittelgesetzes am 1. April 1984 sind umfangreiche Vorbereitungsarbeiten zwischen den Betroffenen vorangegangen, die in weitgehendem Kosensklima erfolgt sind. Das hat sich auch im einstimmigen Beschluß der damals im Parlament vertretenen Parteien niedergeschlagen. Das Gesetzeswerk wurde allgemein als modern und den internationalen Anforderungen entsprechend begrüßt.

Seither sind dreieinhalb Jahre vergangen – Zeit genug, um eine erste Bilanz zu ziehen.

Einleitend ist festzuhalten, daß Österreich in der Arzneimittellegistik eine bewährte, lange Tradition hat, an die das Arzneimittelgesetz 1984 anknüpft. Auch die Vollziehung hat erkennen lassen, daß die Konzeption des Gesetzes richtig ist und die Bestimmungen im Detail weitgehend praxisgerecht gestaltet sind.

Dennoch ist es bei einem derart umfassenden Gesetz trotz des Versuches optimaler Vorbereitung wahrscheinlich unvermeidbar, daß in bestimmten Bereichen Verbesserungsmöglichkeiten erst nach einigen Jahren des Vollzugs erkennbar werden. Es sollte daher nicht der Fehler begangen werden, eine an sich anerkannte gesetzliche Regelung von jeder Diskussion freihalten zu wollen. Ein Optimum kann nur erreicht werden, wenn ständig versucht wird, erkannte Mängel einzugestehen und ehestmöglich zu beseitigen. Aus diesem Grunde sollte die Diskussion um eine Novelle zum Arzneimittelgesetz geradezu gefördert werden. Generell ist festzuhalten, daß die Verwaltung in Richtung Diskussion und Kritik sich umstellen und einstellen wird müssen. Bei fortschreitender Demokratisierung kann und soll sich auch die Verwaltung diesem Prozeß nicht entziehen.

In diesem Zusammenhang will ich Ihnen daher einen kurzen – aus Zeitgründen auch nicht ganz vollständigen – Querschnitt meiner diesbezüglichen Vorstellungen geben, ohne allerdings den Verhandlungen mit Interessenvertretungen oder den parlamentarischen Beratungen vorzugreifen. Es wird im folgenden dem Ductus des Gesetzes entsprechend vorgegangen.

Der Arzneimittelbegriff, der durch dieses Gesetz in die österreichische Rechtsordnung eingeführt wurde, hat durch die Judikatur des Verwaltungsgerichtshofes bereits ein gewisses Eigenleben entwickelt. Die Begriffsbestimmungen sollten von einer grundlegenden Änderung freigehalten werden. Sie bilden eine wesentliche Voraussetzung für eine kontinuierliche Vollziehung.

Nur in bestimmten Einzelbereichen sind die im Gesetz enthaltenen Definitionen durchaus verbesserungswürdig. Als Beispiel sei besonders auf die Abgrenzungsproblematik im Dental- und Futtermittelbereich hingewiesen. Da alle weiteren Vorschriften des Arzneimittelgesetzes an die Begriffsbestimmungen anknüpfen, könnten durch Änderungen auf diesen Gebieten weitreichende Effekte – vor allem auch im Hinblick auf Zulassung und Abgabe dieser Produkte – in diesen Detailbereichen erreicht werden.

Die Anforderungen an Arzneimittel im Hinblick auf deren Qualität und Unbedenklichkeit sollten keiner Änderung unterzogen werden. Die Praxis hat gezeigt, daß gerade diese Vorschriften die Basis dafür bieten können, alle für den Schutz der Gesundheit und für die Sicherheit der Verbraucher notwendigen Maßnahmen zu setzen.

Jene gesetzlichen Bestimmungen, die unmittelbar der Arzneimittelsicherheit dienen, dürfen nicht verwässert werden.

Die Trennung des früheren „Beipacktextes“ in eine patientenorientierte Gebrauchsinformation und eine an Ärzte, Tierärzte, Apotheker etc. gerichtete Fachinformation stellte eine der wesentlichen Neuerungen des Gesetzes dar. Ich werde mein besonderes Augenmerk darauf richten, daß vom Gesundheitsressort auch tatsächlich alle Anstrengungen unternommen werden, um das schwierige Unterfangen der Ausstattung aller zugelassenen Arzneispezialitäten mit einer modernen, zielgruppenorientierten Texten innerhalb einer vertretbaren Zeit abzuschließen. Im Rahmen der Übergangsbestimmungen wurden bis zum Stichtag 31. März 1987 5.238 Anträge auf Zulassung je einer Kennzeichnung, Gebrauchs- und Fachinformation gestellt.

Ein zentrales Thema für die Diskussion um die Änderung des Arzneimittelgesetzes ist zweifellos die Zulassung von Arzneispezialitäten.

Die geltenden Zulassungsregelungen haben sich für Arzneispezialitäten bewährt, die schon vor 1984 gemäß der damals geltenden Spezialitätenordnung zulassungspflichtig waren. In diesem Bereich wäre lediglich zu prüfen, ob der Verwaltungsaufwand im Formalbereich (der nicht die Arzneimittelsicherheit betrifft) verringert werden kann. Dadurch sollte es möglich sein, die Dauer der Verfahren generell kürzer zu gestalten. Es könnte in diesem Zusammenhang allenfalls auch durch eine kritische Auseinandersetzung mit der Arzneispezialitätenverordnung (ASpV) das Auslangen gefunden werden.

Eine große Zahl von Arzneispezialitäten wurde aber durch das Arzneimittelgesetz erstmalig der Zulassung unterworfen. Diese Produkte gelten derzeit gemäß den Übergangsbestimmungen als zugelassen. Zulassungsanträge sind bis 1990 zu stellen. Für den Fall, daß alle diese Produkte dem umfangreichen Zulassungsverfahren zugeführt werden müßten, würde dies in manchen Fällen unzumutbare Härten für die Antragsteller mit sich bringen. Es soll aber auch nicht verschwiegen werden, daß der Arbeitsanfall bei Zulassungsbehörde und Amtssachverständigen dadurch noch schwerer zu bewältigen wäre.

Durch eine Novelle sollte daher sichergestellt werden, daß Zulassungsverfahren in all jenen Fällen durchgeführt werden, in denen die Arzneimittelsicherheit dies erfordert. Jene Produkte, die eindeutig keine schädigenden Wirkungen aufweisen (Beispiele finden sich im Grenzbereich Arzneimittel – Verzehrprodukt), könnten von der Zulassungspflicht ausgenommen werden.

Ein diesbezügliches Anmeldeverfahren ist vorstellbar. Um in diesem Zusammenhang eine Abgrenzungsproblematik zu vermeiden, müßte die Trennung exakt (z. B. Wirkstoffliste) erfolgen.

Die Bestimmungen über klinische Prüfungen von Arzneimitteln bilden zweifellos einen weiteren Schwerpunkt des Arzneimittelgesetzes. Erstmalig wurde dieser Themenkreis in Österreich einer umfassenden und ins Detail gehenden Regelung zugeführt.

Zweifellos wurden diese Vorschriften von manchen zunächst als Behinderung ihrer wissenschaftlich wertvollen Tätigkeit angesehen. Es sei hier vor allem auf verschiedene neu eingeführte Meldepflichten und das Erfordernis eines Gutachtens des Arzneimittelbeirates im Falle der Erstanwendung einer bestimmten Substanz im Inland verwiesen.

Zur Kritik, die Notwendigkeit des Arzneimittelbeirat-Gutachtens würde eine Verzögerung von wichtigen Forschungsvorhaben mit sich bringen, sei doch festgehalten, daß diese Bestimmungen einen bestmöglichen Schutz der Versuchspersonen gewährleisten soll. Gerade in dem sensiblen Bereich der klinischen Prüfung von Arzneimitteln muß es auch im Interesse der forschenden pharmazeutischen Betriebe und Ärzte liegen, daß vor Beginn des Vorhabens, bei welchem Risiken nicht ausgeschlossen werden können, die bis dahin erstellten Unterlagen von firmenexternen Wissenschaftlern kritisch geprüft werden.

Obwohl die bisherige Vollzugspraxis keine grundlegende Umgestaltung der Vorschriften über die klinische Prüfung erforderlich machen, könnten einige Adaptierungen etwa im Bereich der Aufgabenteilung zwischen dem „Prüfungsleiter“ und dem ärztlichen Leiter der Krankenanstalt vorgenommen werden. Daneben sollte der Bereich der klinischen Prüfung außerhalb von Krankenanstalten neu überdacht werden, da dieses Thema durch das Arzneimittelgesetz nicht optimal gelöst erscheint.

Was die Werbebestimmungen betrifft, so darf darauf hingewiesen werden, daß sich nach einer überwundenen Übergangsproblematik eine praktikable Vollziehungspraxis herausgebildet hat. Besonders die sogenannte „Fachkurzinformation in Standardform“ hat für Antragsteller und Zulassungsbehörde eine wesentliche Vereinfachung im Hinblick auf die Fachwerbung mit sich gebracht.

Dennoch seien zwei Bereiche der Arzneimittelwerbung besonders hervorgehoben, für die eine Gesetzesänderung zur Diskussion gestellt werden könnte:

- Das Gesetz schreibt vor, daß jede Laienwerbung auch den wesentlichen Inhalt der Gebrauchsinformation (Beipackzettel) vermitteln muß. Das bedeutet, daß neben Angaben über Bezeichnung, Wirksamkeit und Anwendungsgebiete insbesondere auch Aussagen hinsichtlich der Gegenanzeigen, Nebenwirkungen, Wechselwirkungen, Gewöhnungseffekte etc. enthalten sein müssen.
  Die Praxis hat nun gezeigt, daß vor allem bei der Fernseh- und Rundfunkwerbung die Aufnahme all dieser Inhalte kaum realisierbar sein dürfte. Es wird daher zu überlegen sein, in welcher Weise dem Verbraucher im Rahmen der Werbung alle für seine Kaufentscheidung nötigen Informationen zugänglich gemacht werden können, ohne den Spot unzumutbar zu verlängern oder ihn jeglichen Werbecharakters zu entkleiden.
- Eine andere Schwierigkeit wurde im Hinblick auf die Fachwerbung erkannt. Fachwerbung darf – sowie auch die Laienwerbung – nur für in Österreich zugelassene Arzneispezialitäten (oder Arzneibuchartikel) betrieben werden. Diese Vorschrift ist zweifellos sinnvoll und in der Sache begründet.

Eine Sondersituation stellen allerdings die in Österreich stattfindenden internationalen Kongresse dar. Bei einer international beschickten Veranstaltung will jedes Teilnehmerland für seine Produkte auch geeignete Werbemaßnahmen setzen. Ob diese Arzneimittel auch in Österreich zugelassen sind, ist für die einzelnen Kongreßteilnehmer nicht primär von Bedeutung, da der Tagungsinhalt ja nicht vorwiegend vom Tagungsort abhängig ist.

Österreich sollte daher seinem traditionellen Charakter als Kongreßland entsprechend auch im vorliegenden Zusammenhang jede Behinderung übernationaler Veranstaltungen auf österreichischen Boden vermeiden.

Die Vertriebswege von Arzneimitteln sind sowohl für den Großhandel als auch für den Kleinverkauf exakt bestimmt. Im Kleinverkauf ist nach wie vor die Apotheke als wesentliche Abgabestelle vorgesehen. Welche Arzneimittel auch in Drogerien abgegeben werden dürfen, wurde durch die sogenannte Abgrenzungsverordnung geregelt. Diese Verordnung, die jeweils dem Stand der Wissenschaften angepaßt werden soll, ersetzte die bis dahin geltenden Bestimmungen, die noch aus dem vorigen Jahrhundert stammten.

Auch diese Festschreibung des Vertriebsweges hat sich im wesentlichen bewährt. Probleme wurden aber etwa bei Dentalprodukten oder in manchen Randbereichen (z. B. bestimmte Desinfektionsmittel, imprägnierte Hunde- und Katzenhalsbänder) erkannt.

Ohne die Rechte der Apotheker, die ja auf diesem Gebiet einen hervorragenden Ausbildungsstand aufweisen, in irgend einer Weise schmälern zu wollen, sollten für diese Probleme praxisgerechte Lösungen gefunden werden. Ein Schritt auf diesem Weg könnte – wie eingangs erwähnt – vor allem die Adaptierung der Begriffsbestimmungen, mit denen das Gesetz eingeleitet wird, darstellen.

Die Betriebsvorschriften sind im Gesetz selbst nicht sehr exakt gefaßt. Zwei Betriebsordnungen (Verordnungen zum Arzneimittelgesetz) werden am 1. Januar 1988 in Kraft treten. Über die Vollziehungspraxis dieser Verordnungen kann daher noch nichts genaues gesagt werden.

Die von der Gesundheitsbehörde zu erteilenden Betriebsbewilligungen für pharmazeutische Betriebe haben nicht zu Problemen geführt, die eine Änderung des Gesetzes erforderlich machen würden.

Können wir uns das Kranksein noch leisten?

M. Neumann

Um eine Antwort auf die im Referatsthema gestellte Frage geben zu können, ist es vorerst einmal notwendig, die beiden Begriffe „Krankheit“ und „Kosten“ näher zu definieren.

Definition von Krankheit bzw. Gesundheit

Hierzu ergeben sich sehr viele Möglichkeiten, allen voran die umfassende Definition der WHO. Für den Zusammenhang, der jedoch im Referat zu behandeln ist, nämlich die Kosten der Krankheiten, kann nur eine „finanzierungstechnische“ Definition verwendet werden, da nur bei einem derartig eingeschränkten Krankheitsbegriff überhaupt eine Aussage über Kosten gemacht werden kann. Dazu wäre beispielsweise der Begriff der Krankheit im ASVG (§ 20) geeignet, der Krankheit als regelwidrigen Körper- oder Geisteszustand definiert, der die Krankenbehandlung notwendig macht. In dieser Definition steckt der Begriff „Behandlung“ im Sinne einer Leistungserbringung durch Ärzte und andere Heilberufe, wobei es für diese Leistung auch zu einer finanziellen Gegenleistung (Bezahlung) kommt. Dabei ist es unwichtig, wer der Zahler dieser Leistung ist. Nur wenn ein Zusammenhang zwischen Krankheit, Krankenbehandlung und Leistungsentgelt (Zahlung) hergestellt wird, kann eine Aussage über die Kosten der Krankheiten gemacht werden. Umfassendere Krankheitsbegriffe können mangels klar definierter Kosten daher in diesem Zusammenhang für die vorgegebene Fragestellung nicht verwendet werden. Es bleiben daher alle „indirekten“ Kosten der Krankheiten unberücksichtigt, wie beispielsweise die Kosten für die Nicht-Teilnahme am Erwerbsleben aus Krankheitsgründen oder die Kosten, die die Familien bei der Pflege von Kranken zu tragen haben, etc.

Wie krank, wie gesund ist die österreichische Bevölkerung

Morbidität

Bei der Analyse der häufigsten Erkrankungen ist zu differenzieren zwischen Erkrankungen, die im ambulanten Bereich durch niedergelassene Ärzte behandelt werden (Tabelle 1) und Erkrankungen von stationär behandelten Patienten (Tabelle 2). Aus den Statistiken sind starke Unterschiede für die einzelnen Altersgruppen festzustellen, aber auch unterschiedliche Entwicklungen in den letzten Jahren.

Tabelle 1 Art der Erkrankung in Prozent der betroffenen Personen nach Altersgruppen (Stand Dezember 1983) [6]

Art der Erkrankung	insgesamt	Alter in Jahren			
		0–9	10–24	25–59	über 60
Herz- und Kreislaufkrankheiten	4,4	0,2	0,6	4,6	13,6
Krankheiten der Atmungsorgane	25,7	38,6	27,7	22,6	23,8
Allergische Erkrankungen[1]	0,8	0,9	0,6	0,7	1,5
Krankheiten der Verdauungsorgane	3,0	1,5	1,7	3,5	5,1
Hauterkrankungen[1]	0,9	1,0	0,8	0,9	0,8
Rheumatische und degenerative Erkrankungen der Knochen und Gelenke	4,0	0,4	1,1	5,0	8,7
Erkrankungen der Urogenitalbereiche	1,9	0,3	1,0	2,5	2,8
Neurologische Krankheiten	1,5	0,1	0,1	1,9	3,3
Traumatische Krankheiten	4,4	2,0	5,6	4,5	3,3
Alle anderen Krankheiten	9,2	20,3	7,9	6,9	11,3

[1] Allergische Hautkrankheiten sind in beiden Positionen enthalten.

Im ambulanten Bereich sind die Krankheiten der Atmungsorgane am häufigsten, gefolgt von Herz-Kreislauferkrankungen und Verletzungen. Im stationären Bereich sind Unfälle am häufigsten sowie Krankheiten im Urogenitalbereich, der Verdauungsorgane, Herz-Kreislauf und Neubildungen. Aus beiden Tabellen zeigt sich eine starke Zunahme einzelner Gruppen mit dem Alter bzw. seit 1970. Diese Gruppen sind in der Mehrzahl auch diejenigen, die mit höheren Behandlungskosten verbunden sind.

Tabelle 2 Anzahl der stationär behandelten Patienten nach Krankheitsgruppen, im Jahr 1985 im Vergleich zu 1970 [1]

Krankheitsgruppe	Anzahl[1]	Veränderung in % seit 1970
1) Infektiöse Erkrankungen	20.292	− 43,0
2) Neubildungen	123.507	+ 97,5
3) Krh. der Blutbahn u. inneren Organe	56.456	+ 58,9
4) Rheumatische Erkrankungen	3.343	− 42,3
5) Herz-, Kreislauferkrankungen	171.818	+ 72,9
6) Neurosen, Psychosen	37.861	+ 42,7
7) Krh. d. zentr. u. periph. Nervensystem	81.788	+ 100,2
8) Krh. d. Augen	38.981	+ 74,7
9) Krh. d. Ohren	11.074	+ 62,8
10) Krh. d. Hals- u. Atmungsorgane	129.928	+ 7,3
11) Krh. d. Verdauungsorgane	180.481	+ 4,3
12) Krh. d. Harn- u. Geschlechtsorgane	183.660	+ 82,3
13) Krh. d. Schwangerschaft u. Entbindung	52.214	+ 52,3
14) Haut-, Bewegungs/Stützapp.-Erkrankungen	133.663	+ 107,4
15) Krh. d. ersten Lebenszeit	22.994	+ 9,3
16) Unfälle	217.214	+ 26,9
17) Sonstige	172.926	+ 26,3
Gesamt	1.637.190	+ 41,5

Mortalität

Die Mortalität der verschiedenen Erkrankungen zeigt ein etwas anderes Bild. Hier führen Herz-Kreislauf-Erkrankungen, bösartige Neubildungen und Hirngefäßkrankheiten, während die am häufigsten zu behandelnden Krankheiten (Atmungsorgane und Unfälle s. o.) nur an 6. bzw. 4. Stelle liegen. Abbildung 1 gibt Auskunft über die Mortalität der verschiedenen Erkrankungen und deren Entwicklung in den letzten Jahren.

Lebenserwartung

Abbildung 2 zeigt für die österreichische Bevölkerung den Anstieg der Lebenserwartung bei der Geburt, seit dem Jahr 1951. Die Lebenserwartung (bei der Geburt) ist seit 1951 von 65 Jahre auf rund 74 Jahre (1985) gestiegen, bei Männern von rund 62 auf rund 70, bei Frauen von 67 auf rund 77 Jahre.

Altersstruktur

Durch dieses Ansteigen der Lebenserwartung ergibt sich auch ein Anwachsen des Anteiles der älteren Menschen (über 60 Jahre) an der Gesamtbevölkerung

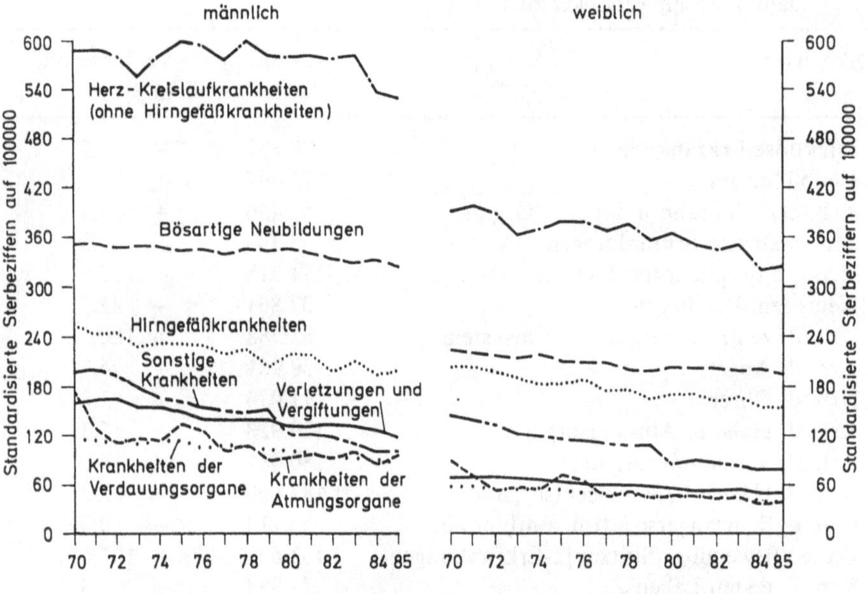

Abb. 1 Entwicklung der Sterblichkeit nach Todesursachen 1970–1985 [1]

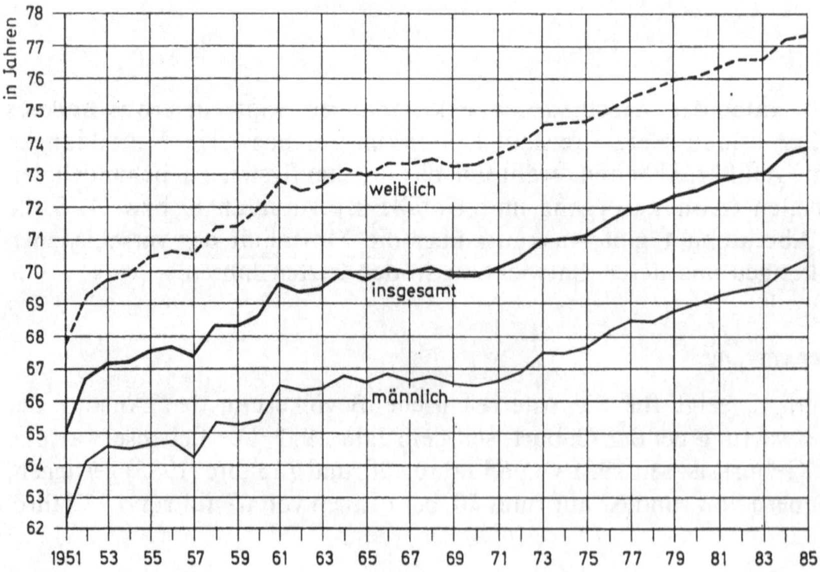

Abb. 2 Lebenserwartung bei der Geburt 1951–1985 [1]

Tabelle 3 Bevölkerung und Bevölkerungsprognose gegliedert nach Altergruppen von 1960–2015 [6]

Jahr	Summe absolut	Index	0–15 Jahre absolut	in %	15–60 Jahre absolut	in %	über 60 Jahre absolut	in %
1960	7,047.539	100,0	1,553.510	22,0	4,212.701	59,8	1,281.328	18,2
1970	7,426.397	105,4	1,818.939	24,5	4,108.464	55,3	1,498.994	20,2
1980	7.500.161	106,4	1,537.714	20,5	4,520.726	60,3	1,441.721	19,2
1985	7,553.840	107,2	1,379.107	18,3	4,668.305	61,8	1,506.428	19,9
1990	7,579.139	107,5	1,349.734	17,8	4,697.533	62,0	1,531.872	20,2
1995	7,616.744	108,1	1,394.627	18,3	4,698.871	61,7	1,523.246	20,0
2000	7,625.271	108,2	1,374.549	18,0	4,684.739	61,4	1,565.983	20,5
2005	7,599.407	107,8	1,300.866	17,1	4,637.488	61,0	1,661.053	21,9
2010	7,555.585	107,2	1,208.177	16,0	4,614.516	61,1	1,732.892	22,9
2015	7,507.257	106,5	1,156.334	15,4	4,554.893	60,7	1,796.030	23,9

(Tabelle 3), der zusätzlich durch den starken Geburtenrückgang verstärkt wird. Die Altersgruppe der über 60-jährigen ist von einem Anteil von rund 18,2 Prozent auf rund 20 Prozent (1985) gestiegen und wird bis zum Jahre 2015 rund 24 Prozent erreichen.

Übersicht über die Kosten der Krankheiten

In diesem Kapitel soll die Frage nach den Kosten der Krankheiten bzw. nach den Kosten der die Krankheiten behandelnden Einrichtungen des Gesundheitswesens geklärt werden. Wieviel gibt die österreichische Volkswirtschaft (Bevölkerung) pro Jahr für ihre Gesundheit aus? Für diese Frage liegen Daten aus dem Jahr 1985 vor. Für dieses Jahr wurde nämlich im Rahmen einer vergleichenden europäischen Studie vom Statistischen Zentralamt eine genaue Berechnung der Gesundheitsausgaben für Österreich durchgeführt. Diese haben ergeben, daß im Jahr 1985 rund 90,6 Milliarden Schilling für Gesundheit ausgegeben wurden. Dieser Wert stellt 6,6 Prozent des Bruttoinlandproduktes dieses Jahres dar (Tabelle 4).

Von den 90,6 Mrd. Schilling werden rund 45 Mrd. für die Spitäler ausgegeben, rund 29 Mrd. für Leistungen von Ärzten, Dentisten und anderen Gesundheitsberufen, rund 14 Mrd. für pharmazeutische Produkte und Heilbehelfe und rund 3 Mrd. Schilling für therapeutische Anwendungen.

Ergänzend ist hinzuzufügen, daß dieser Wert weit unter den bisher geschätzten bzw. berechneten Werten liegt und daß daher die in vielen Referaten und Artikeln geäußerte Ansicht, bei 10 Prozent Anteil der Gesund-

Tabelle 4 Gesundheits-Ausgaben in Österreich 1985 [5]

Bereiche	Haushalte	private gemeinnütz. Institutionen	öffentliche Einrichtungen	Total
Ausgaben für:				
Ärzte, Dentisten u. sonstiges Gesundheitspers.	9.982	–	18.728	28.710
Krankenhäuser	4.070	5.954	35.411	45.435
pharmazeut. Produkte u. med. Heilbehelfe	6.695	–	6.985	13.680
therapeut. Anwendungen	1.741	–	1.045	2.786
Ausgaben f. Gesundheitsversorgung total	22.488	5.954	62.169	90.611

Tabelle 5 Direkte Kosten der „teuersten" Krankheiten in der Bundesrepublik im Jahre 1980, in v. H. der direkten Kosten [3]

Krankheiten der Verdauungsorgane (darunter Zahnbehandlung: 19,0)	25,8
Krankheiten des Kreislaufsystems	14,3
Krankheiten des Skeletts, der Muskeln und des Bindegewebes	8,1
Unfälle, Vergiftungen und Gewalteinwirkungen	7,5
Krankheiten der Atmungsorgane	6,6
Seelische Störungen	5,0
Restliche Gruppen	32,7
	100,0

heitsausgaben sei eine Schmerzschwelle erreicht [4], praktisch nicht gültig ist.

Für die Bundesrepublik Deutschland gibt es auch eine Berechnung, welche direkten Kosten die verschiedenen Erkrankungen verursachen (direkte Kosten umfassen die Ausgaben für Prävention, Behandlung, Rehabilitation und Pflege sowie für Zusatzkosten wie Diätkost, Fahrten zum Arzt, Kauf von Gesundheitsbüchern etc. (Tabelle 5).

Die „teuersten" Krankheiten, d. h. diejenigen, die den größten Anteil an den Gesamtkosten des Gesundheitswesens verursachen, sind die Krankheiten der Verdauungsorgane inkl. der Zahnbehandlung (25,8 Prozent). Es folgen Herz-Kreislauf-Erkrankungen (13,4 Prozent) und Krankheiten des Skeletts, der Muskeln und des Bindegewebes (8,1 Prozent) sowie Unfälle

(7,5 Prozent). Hier zeigt sich also ein etwas anderes Bild, verglichen mit der isolierten Betrachtung der Morbiditäts- oder Mortalitätszahlen.

Tabelle 6 Einflußfaktoren der Gesundheit in % [2]

Lebensstil	37
Humanbiologie	29
Umwelt	24
med. Versorgung	10
	100

Aussagen über die Kostenentwicklung der letzten Jahre bzw. für die Zukunft liegen in zahlenmäßiger Form nicht vor. Es kann hier lediglich auf einige Ursachen für die Kostensteigerung eingegangen werden, nämlich auf Gründe, die außerhalb und Gründe, die innerhalb des Gesundheitswesens liegen. Zu den externen Gründen für die Kostensteigerung des Gesundheitswesens zählen

– die ungesunde Lebensweise der Bevölkerung im Sinne einer ungesunden Ernährung und Mißbrauch von Nahrungs- und Genußmittel, Alkohol und Nikotin
– negative Umwelteinflüsse (Luft- und Wasserverschmutzung, Giftstoffe in Nahrungsmitteln etc.)
– Bewegungsarmut
– geänderte Arbeitssituation mit zunehmendem Leistungsdruck und psychischer Belastung
– steigende Unfallhäufigkeit
– Verlust des tradierten Wissens über Gesundheitsschutz („Volkswissen")

Als weiterer externer Einflußfaktor ist die Bedeutung der Familie in der Prävention nicht zu unterschätzen und in dem Zusammenhang auch die Funktion des „Family Doctor".

Wie die verschiedenen Faktoren, die von Einfluß auf die Gesundheit sind, quantitativ dargestellt werden können, zeigt eine Analyse der Mortalität in den USA. Dabei wurden für 1976 mehr als 50 Prozent der verfrühten Todesfälle dem persönlichen Verhalten oder Lebensstil zugeordnet, 20 Prozent den individuell-biologischen Faktoren, 20 Prozent den Umweltfaktoren und nur 10 Prozent den Unzulänglichkeiten der medizinischen Versorgung [2] (Tabelle 6).

Weitere Gründe, die zu einer Steigerung der Gesundheitskosten führen, liegen im Gesundheitswesen selbst, insbesondere im medizinisch-technischen Fortschritt. Durch die Möglichkeiten der modernen Medizin wurde, wie schon angeführt, die Lebenserwartung immer mehr erhöht. Daraus resultiert aber, daß andere Erkrankungen als bisher, nämlich Alters- und degenerative Erkrankungen zu behandeln sind. Diese Erkrankungen sind aber wesentlich kostenaufwendiger als die Krankheiten der jüngeren Altersgruppen.

Können (und müssen) wir uns das Kranksein noch leisten?

Diese Frage ist aus mehreren Gründen mit „ja" zu beantworten:

1. Es besteht für den Arzt zweifellos die ethische Verpflichtung, die vorhandenen mediznischen Einrichtungen optimal (nicht maximal) im jeweiligen Bedarfsfall einzusetzen. Natürlich kommt es hier aufgrund der Beschränktheit der Mittel zum Problem der Auswahl im speziellen Anlaßfall der Behandlung eines individuellen Patienten.

2. In der Wertschätzung der Bevölkerung genießt die Gesundheit eine hohe Priorität. Dies läßt sich aus empirischen Erhebungen über die Wertordnung der Befragten feststellen. Dabei ist aber zu berücksichtigen, daß zwischen der verbalisierten und der tatsächlichen Einschätzung (inklusive der Verpflichtung zu zahlen) ein Unterschied besteht. Es kann aber auch angenommen werden, daß mit dieser hohen Einschätzung der Gesundheit auch eine relativ hohe „Zahlungsbereitschaft für Gesundheit" verbunden ist.

3. Wie bereits einleitend dargestellt, ist der Anteil der Gesundheitsausgaben in Österreich noch nicht bei einem Wert angelangt, wie er vergleichbaren westlichen Industriestaaten entspricht. Unter der – zu diskutierenden – Annahme, daß die Höhe der finanziellen Mittel, die dem Gesundheitswesen zur Verfügung gestellt werden, auch Aussagen über die Qualität der medizinischen Versorgung zuläßt, ergibt sich hier noch ein gewisser Nachholbedarf in Österreich. Außerdem kann der Anteil der Gesundheitsausgaben als Indikator für den „Reichtum"/Wohlstand einer Volkswirtschaft gesehen werden.

4. Rein wirtschaftlich gesehen, ist das Gesundheitswesen als Teil des Dienstleistungsfaktors aufgrund der Entwicklung der Volkswirtschaften „naturgemäß" ein wachsender Wirtschaftszweig wie andere Teilbereiche des Dienstleistungsfaktors, beispielsweise Fremdenverkehr und Freizeit. Aufgrund des Überganges von der Industrie- zur Dienstleistungsgesellschaft ist daher jedes Anwachsen von Teilbereichen dieser Wirtschaftszweige zu begrüßen, weil es überdies mit einem volkswirtschaftlichen Wachstum verbunden ist.

Welche Voraussetzungen und Möglichkeiten gibt es, damit wir uns in Zukunft das Kranksein noch leisten können?

Dazu ist es notwendig, dem Gesundheitswesen mehr finanzielle Mittel als bisher zur Verfügung zu stellen oder entsprechend den Marktmechanismen den Nachfragern die Entscheidung darüber zu überlassen, in welchem Ausmaß sie finanzielle Mittel für Gesundheit ausgeben wollen. Diese zusätzlichen Mittel für das Gesundheitswesen können natürlich nicht in exorbitanten jährlichen Steigerungsraten aufgebracht werden, da dies die volkswirtschaftliche Gesamtsituation nicht mehr zuläßt. Um aber dem Wirtschaftszweig „Gesundheit" einen wachsenden Anteil am BIP zu verschaffen, müssen die Steigerungsraten der finanziellen Mittel in einem überproportionalen Ausmaß höher liegen als die allgemeine Steigerungsrate des BIP, mindestens im Ausmaß der ohnehin schon höheren Steigerungsrate des „tertiären" Sektors.

Eine weitere wichtige Quelle für „zusätzliche" finanzielle Mittel ist im Gesundheitswesen selbst vorhanden. Dazu zählen vor allem Rationalisierungsreserven in der Organisation und Abwicklung der Krankenbetreuung in jedem Bereich des Gesundheitswesens. Durch die Erhöhung der Effizienz des Gesundheitswesens könnten aus den „Einsparungen" wesentliche Verbesserungen und Erweiterungen finanziert werden. (Natürlich müssen dazu auch die notwendigen Anreize zu effizienterem Verhalten im Honorierungssystem enthalten sein: zwei Extrem-Beispiele: Quartalspauschale der niedergelassenen praktischen Ärzte und verweildauer-verlängernde Pflegetags-Finanzierung der Krankenanstalten.)

Eine weitere wichtige Maßnahme zur „Freisetzung" von Mitteln für die Erweiterung und die Verbesserung des Gesundheitswesens wäre die Optimierung der Allokation der Resourcen. Hier müßte es zu einer Neufeststellung der Bedeutung, aber vor allem der finanziellen Dotierung für die verschiedenen Teilbereiche des Gesundheitswesens kommen. Beispielsweise müßte den verbalen Forderungen nach Verlagerung von Leistungen aus dem stationären in den semistationären und ambulanten Bereich auch dementsprechende Festlegungen von finanziellen Mitteln folgen. Ähnliches gilt für die Bereiche präventive und kurative Medizin. Auch innerhalb dieser Teilbereiche sollten derartige Neustrukturierungen erfolgen, beispielsweise im kurativen Bereich, wo es zu einer Substitution von operativen durch konservative Behandlungen und umgekehrt kommen kann, wenn dies außerdem durch das Finanzierungssystem begünstigt oder nicht verhindert wird. Bei derartigen Überlegungen sind aber neben den kurzfristig anfallenden Kosten auch langfristige Auswirkungen (zusätzliche Kosten, aber auch Einsparungen) zu berücksichtigen. Es ist daher der in diesem Referat gewählte eingeschränkte Kostenbegriff um eine gesamtwirtschaftliche und langfristige Sichtweise zu erweitern.

Eine weitere Möglichkeit zur Entwicklung des Gesundheitswesens besteht auch in der Nutzung bzw. Förderung des sinnvollen Fortschrittes in der Medizintechnik und Pharmazeutik. Aufgrund des hohen Tempos, das diese

Entwicklungen bereits erreicht haben, besteht sicherlich ein erhöhter Bedarf nach gegenseitiger Information zwischen der Ärzteschaft und den Anbietern von medizinisch-technischen, aber auch pharmazeutischen Produkten. Hier könnte eine weitere Verbesserung des Informationsflusses zu einer Verbesserung der Effektivität derartiger Entwicklungen beitragen.

Literatur

[1] Bundesministerium für Gesundheit und Umweltschutz (Hrsg.): Bericht über das Gesundheitswesen in Österreich. Wien 1986.

[2] Dezsy, J.: Gesundheitsreport 1, 1985. „Healthy people". Surgeons General Report on Health Promotion and Desease Prevention, DHEW Nr. 79, Washington DC 1979.

[3] Henke, K.-D.: Die Kosten von Krankheiten. In: Österreichische Gesellschaft für Gesundheitsökonomie (Hrsg.): Gesundheitsoeconomica, 2, 1985, S. 106.

[4] Krämer, W.: Kostenexplosion im Gesundheitswesen – Wer leben will, muß zahlen. Econ Verlag 1983.

[5] Österreichisches Statistisches Zentralamt: noch unveröffentlichte Daten.

[6] Verband der Versicherungsunternehmen Österreichs, Sektion Krankenversicherung (Hrsg.): Gesundheitswesen in Österreich. Volkswirtschaftliche Verlagsanstalt, Wien 1985.

Die Pharma-Sicherheitsbestimmungen der Europäischen Gemeinschaft ab 1992

C. A. Teijgeler

Will man sich über die Pharma-Sicherheitsbestimmungen der EWG ab 1992 Gedanken machen, so muß man sich zunächst die gegenwärtige Situation vor Augen führen. Hauptsächlich geht es darum, wie die Unschädlichkeit und Wirksamkeit von Arzneimitteln in der EWG heute, im Jahre 1987, gewährleistet wird und wie sie ab 1992 – nach Vollendung des europäischen Innermarktes – gewährleistet werden kann? Auf die theoretischen und praktischen Probleme, die sich uns heute und möglicherweise in Zukunft stellen, wird eingegangen.

Die ersten EG-Vorschriften über die Zulassung von Arzneimitteln, genauer gesagt über die Genehmigung für das Inverkehrbringen von Arzneispezialitäten, wurden 1965 erlassen. Nach Artikel 5 der Richtlinie 65/65/EWG ist diese Genehmigung in einem Mitgliedstaat zu versagen, wenn:

- die Arzneispezialität bei bestimmungsgemäßem Gebrauch schädlich ist;
- die therapeutische Wirksamkeit fehlt oder unzureichend begründet ist;
- die Arzneispezialität nicht die angegebene Zusammensetzung hat.

Diese Kriterien sind nicht unwichtig, beeinflussen sie doch entscheidend den Arzneimittelmarkt in der EG. Wenn diese Kriterien in allen Mitgliedstaaten gleichermaßen angewendet werden und die Hersteller überall für dieselben Präparate die Zulassung beantragen, wäre in allen Mitgliedstaaten das Arzneimittelangebot gleich. Die Realität sieht bekanntlich anders aus. Art und Anzahl der in den einzelnen EG-Staaten zugelassenen Arzneimittel sind sehr unterschiedlich. Wenn ein gemeinsamer Binnenmarkt zustande kommen soll, wird sich an dieser Situation bis 1992 einiges ändern müssen. Daher hat die EG zahlreiche Maßnahmen beschlossen, mit denen sie vor allem zwei Ziele verfolgt:

- die Schaffung eines gemeinsamen Marktes für Arzneimittel;
- die Zulassung unschädlicher und therapeutisch wirksamer Arzneimittel im Interesse der Volksgesundheit.

Die Interessen der Kosumenten werden auch in Zukunft bei allen Maßnahmen der EG eine entscheidende Rolle spielen. Man muß sich jedoch darüber im klaren sein, daß die Sicherheit von Arzneimitteln immer nur relativ sein kann. Auf diesen Punkt wird im weiteren Verlauf dieses Beitrags eingegangen. Zunächst folgen einige Ausführungen zu den bereits beschlossenen Maßnahmen, wobei besonders auf die Sicherheitsbestimmungen eingegangen wird.

Wenn es um die Zulassung von Arzneimitteln geht, sind stets zwei Parteien betroffen: der Hersteller oder der Importeur, der das Erzeugnis auf den Markt bringen will, und die Behörde, die die Genehmigung erteilen muß. Beide Seiten sind daher in den EG-Vorschriften zu berücksichtigen.

Insbesondere die Richtlinien 75/318/EWG enthält Bestimmungen darüber, welche Unterlagen dem Antrag auf Zulassung eines Arzneimittels beizufügen sind. Dabei ist auch den Sicherheitsbestimmungen Rechnung zu tragen, d. h. Unschädlichkeit und Wirksamkeit des Präparats müssen nachgewiesen werden.

So müssen Unterlagen über die akute, subakute und chronische Toxizität, die Toxizität am Fötus, über Generationsversuche, die Kanzerogenese und seit 1983 auch über die mutagene Wirkung des Arzneimittels beigebracht werden. Auch Unterlagen über die pharmakologischen Versuche werden verlangt.

Die Sicherheit des Arzneimittels wird durch seine die Toxizitätsgrenzen und seine schädlichen und unerwünschten Wirkungen, gegebenenfalls auch unter den für die Anwendung am Menschen vorgesehenen Bedingungen bestimmt; diese Wirkungen müssen im Verhältnis zur Schwere des pathologischen Befunds gesehen werden. (Richtlinien 75/318/EWG, zweiter Teil, Kapitel I)

Die Praxis hat allerdings gezeigt, daß einige Bestimmungen in der Richtlinie noch näherer Erläuterung bedürfen. Daher hat der von der EG eingesetzte Ausschuß für Arzneispezialitäten Empfehlungen auf toxikologischem Gebiet erteilt. Es geht hier:

- um die Toxizität bei einmaliger und wiederholter Verabreichung,
- um Generationsversuche,
- um die kanzerogene Wirkung sowie um
- pharmakokinetische und den Metabolismus betreffende Untersuchungen zur Sicherheitsbeurteilung neuer Arzneimittel in Tieren.

Diese Empfehlungen dürfen nicht über den in den Richtlinien abgesteckten Rahmen hinausgehen.

Neben den toxikologischen Eigenschaften im weitesten Sinne ist die Wirkung auf den Menschen entscheidend. Daher erhalten die EG-Richtlinien Anforderungen und Vorschriften zur Beurteilung der therapeutischen Wirksamkeit und Empfehlungen zur Durchführung klinischer Versuche. Arzneimittel können nur dann zugelassen werden, wenn deren Wirksamkeit erwiesen ist. Ein unwirksames Arzneimittel zu verabreichen, ist nicht nur sinnlos, sondern kann für den Patienten auch schädlich sein. Eine adäquate Therapie wird so hinausgezögert, und die Verabreichung körperfremder Stoffe kann unerwünschte Reaktionen hervorrufen. Sicherheit bedeutet in diesem Fall sowohl Unschädlichkeit bzw. ein geringes Schadensrisiko als auch therapeutische Wirksamkeit. Schädlich ist ein Mittel unter anderem dann, wenn Nebenwirkungen auftreten. Zu dem Zeitpunkt, wo die zuständigen Behörden über die Genehmigung für das Inverkehrbringen eines bestimmten Arzneimittels entscheiden müssen, ist es im allgemeinen nur an einer relativ kleinen Zahl von Patienten klinisch getestet. Wenn die Genehmigung erteilt wird, müssen daher noch nicht alle Nebenwirkungen bekannt sein. Dieser Umstand stellt die Prüfungsinstanzen häufig vor Probleme. Es stellt sich immer wieder die Frage, ob über das Mittel, über dessen Schädlichkeit und vor allem über dessen Nebenwirkungen genügend bekannt ist, um es in den Verkehr zu bringen. Diese Frage wird in den einzelnen EG-Staaten nicht immer gleich beantwortet: das führt dazu, daß ein Arzneimittel in einem Land erhältlich ist, im anderen jedoch nicht. Dafür gibt es zahllose Beispiele. Sofort taucht dann die Frage auf, warum ein Mittel für einen Teil der Europäer gut ist und für den anderen nicht.

Das gilt auch für den Fall, daß nach dem Inverkehrbringen eines Arzneimittels neue schwere Nebenwirkungen bekannt werden. Auch da kommt es oft zu unterschiedlichen Entscheidungen. Diese Probleme müssen natürlich von allen EG-Staaten gemeinsam gelöst werden.

Schädlichkeit und Nebenwirkungen können nicht losgelöst von der Wirksamkeit des Arzneimittels in dem entsprechenden Indikationsbereich beurteilt werden. Es ist stets ein Abwägen zwischen Wirksamkeit und Schädlichkeit, zwischen Nutzen und Risiko. So können bestimmte Nebenwirkungen bei schweren Krankheiten durchaus in Kauf genommen werden, während dieselben Nebenwirkungen etwa bei einem einfachen Schmerzmittel, das womöglich noch für die Selbstmedikation vorgesehen ist, nicht akzeptabel sind. Ein Beispiel dafür ist ein bei bestimmten Krebsarten angewandtes Arzneimittel, das schwere Blutreaktionen hervorrufen kann. Wenn es nur ein einziges Heilmittel für einen Schwerkranken gibt, müssen solche Nebenwirkungen eben hingenommen werden, so zum Beispiel bei der symptomatischen AIDS-Behandlung mit AZT.

Bei der Abwägung zwischen Wirksamkeit und Schädlichkeit, die vor der Zulassung zu erfolgen hat, wird es immer wieder zu Meinungsverschiedenheiten kommen. Das gilt nicht nur für die einzelnen Mitglieder von Zulassungskommissionen, sondern auch für die einzelnen Kommissionen die oft unterschiedliche Entscheidungen treffen. Hieraus erklärt sich das uneinheitliche Arzneimittelangebot in der EG. Die EG-Kommission will eine einheitliche Beurteilung in allen Mitgliedstaaten erreichen. Doch zwischen Wunsch und Wirklichkeit klafft noch die große Lücke. Zwar sind die Zulassungskriterien, wie gesagt, dieselben, doch führen sie zu unterschiedlichen Entscheidungen. 1975 hat der Rat die zweite Pharma-Richtlinie (75/319/EWG) erlassen, der folgende Erwägungen zugrunde liegen:

– Um noch bestehende Unterschiede zu verringern, müssen einerseits Regeln für die Kontrolle der Arzneispezialitäten aufgestellt und andererseits die Aufgaben bestimmt werden, welche die zuständigen Behörden der Mitgliedstaaten zu erfüllen haben, um sich von der Einhaltung der gesetzlichen Vorschriften zu vergewissern.
– Um den freien Verkehr mit Arzneispezialitäten schrittweise zu verwirklichen, müßte die Erteilung von Genehmigungen für das Inverkehrbringen von ein und derselben Arzneispezialität in mehreren Mitgliedstaaten erleichtert werden.
– Zu diesem Zweck müßte ein Ausschuß für Arzneispezialitäten eingesetzt werden, der aus Vertretern der Mitgliedstaaten und der Kommission besteht und beauftragt wird, ein Gutachten über die Übereinstimmung einer Arzneispezialität mit den Bestimmungen der Richtlinie 65/65/EWG abzugeben.

Die in den Richtlinien 75/319/EWG, 83/570/EWG und 87/22/EWG beschriebenen Verfahren zur Erteilung einer Genehmigung für das Inverkehrbringen von Arzneispezialitäten sehen vor, daß Anträge im Ausschuß gemeinsam besprochen werden. Der Ausschuß setzt sich mit immer mehr Erfolg für eine einheitliche Beschlußfassung ein. Zwar gibt er nur Empfehlungen ab, die nicht bindend sind, doch sind die Beteiligten zumindest moralisch verpflichtet, sich an die Empfehlungen zu halten. Für die meisten biotechnologischen Erzeugnisse ist die Anrufung des Ausschusses sogar verbindlich. Die einzelstaatlichen Behörden dürfen über die Zulassung dieser Erzeugnisse erst dann entscheiden, wenn die Empfehlung des Ausschusses vorliegt.

Auf jeder Ausschußsitzung wird auch über Nebenwirkungen von bereits im Handel befindlichen Arzneispezialitäten diskutiert. Der Ausschuß kann zu dem Schluß kommen, daß die seinerzeit gültigen Kriterien nicht mehr erfüllt sind, d. h. die Abwägung zwischen Wirksamkeit und Schädlichkeit negativ ausfällt und eine entsprechende Empfehlung abgeben. Solch eine Empfehlung hat kürzlich einen Hersteller veranlaßt, sein Arzneimittel weltweit aus dem Verkehr zu ziehen.

Innerhalb der EG kommt es also langsam soweit, daß aufgrund derselben Unterlagen in jedem Mitgliedstaat dieselbe Entscheidung über die Zulassung eines Arzneimittels getroffen wird.

1987 sind wir leider noch nicht so weit. Die Beurteilungen sind teilweise noch recht unterschiedlich, obwohl der Wille zur Vereinheitlichung durchaus vorhanden ist. Die Frage ist heute, ob die bestehenden Richtlinien noch geändert werden müssen, um die Sicherheit von Arzneimitteln, gemessen an deren Wirksamkeit, auch nach 1992 noch garantieren zu können.

Meiner Auffassung nach bleiben die Genehmigungskriterien (Artikel 5, 65/65/EWG) unverändert; die Anforderungen an die Versuche und Kontrollen sowie an die Zulassungsunterlagen müssen regelmäßig den Entwicklungen in Wissenschaft und Gesellschaft angepaßt werden.

Im Interesse der Arzneimittelsicherheit sollte die Gemeinschaft spätestens ab 1992 ein gemeinschaftliches System zur Beurteilung von Nebenwirkungen bereits zugelassener Arzneimittel entwickeln. Außerdem sollte vorgesehen werden, daß in der ganzen EG angebotene Arzneispezialitäten nicht einseitig, sondern nur aufgrund einer gemeinsamen Entscheidung aus dem Verkehr gezogen werden können. Für eine gemeinschaftliche Regelung gibt es zwei Möglichkeiten:

- die gegenseitige Anerkennung einer von einem Mitgliedstaat erteilten Genehmigung durch alle übrigen Mitgliedstaaten oder
- die Beurteilung durch eine zentrale Stelle.

Ob man sich nun prinzipiell für eine der beiden Möglichkeiten entscheidet oder die Entscheidung jeweils vom Präparat abhängig macht, die Sicherheit der Arzneimittel in der EG muß weiterhin oberste Priorität erhalten.

Arzneimittelsicherheit aus der Sicht der pharmazeutischen Industrie

J. Drews

Niemand wird bestreiten, daß auch die moderne, von naturwissenschaftlichem Denken und technischem Handeln geprägte Medizin einem spezifisch ärztlichen Ethos verpflichtet ist. Spezifisch deshalb, weil dieses Ethos nicht restlos aus anderen Lebensbereichen, etwa religiösen Überzeugungen, politischen Ansichten oder sozialen Empfindungen, hergeleitet werden kann. Es ist ein Standes- oder Berufsethos, das für die Beziehungen zwischen Arzt und Patient gilt und damit für die Gestaltung einer besonderen, häufig existentiellen Lebenssituation maßgebend ist. Die Merkmale dieses Ethos, das wir gern auf Hippokrates von Kos zurückführen, sind bis auf den heutigen Tag: Genauigkeit und Sorgfalt in der Beobachtung des Kranken, Wissenschaftlichkeit in der Bewertung des Geschauten und vorbehaltloser Dienst am Kranken, wenn nach Diagnose und Prognose die Therapie in ihr Recht tritt. Der Arzt muß alles tun, um seinem Patienten zu nutzen. Wo ihm dies versagt bleibt, darf er ihm wenigstens nicht schaden. Dieses ‚primum nil nocere' bezeichnet eine nicht immer leicht bestimmbare, aber prinzipiell zu errichtende Schwelle, die ärztlichem Handeln oder Behandeln im Interesse des Kranken Grenzen setzt.

Seit ihren Anfängen hat sich die forschende pharmazeutische Industrie als Dienerin am Kranken und am Arzt verstanden. Ihr Berufsethos läßt sich dennoch nicht ausschließlich in den Kategorien hippokratischen Denkens beschreiben. Dazu ist ihre Tätigkeit zu komplex; zu zahlreich sind auch die professionellen Ebenen, auf denen sehr unterschiedliche qualitative und ethische Forderungen zu erfüllen sind. Gerade im Hinblick auf Arzneimittelsicherheit aber hat das ‚primum nil nocere' auch für die Erfinder und Hersteller von Arzneimitteln eine besondere Bedeutung. Es besagt in diesem Zusammenhang: wenn die therapeutische Wirkung eines Medikamentes nicht gesichert ist, wenn eine solche Wirkung also nicht mit einer bestimmten Wahrscheinlichkeit eintritt, dann sind Risiken durch Nebenwirkungen, die mit statistisch definierter Häufigkeit auftreten, nicht akzeptabel. Oder positiv formuliert: nur Arzneimittel mit eindeutig beschriebenen, therapeutisch erwünschten Wirkungen dürfen auch Nebenwirkungen haben. Die therapeutische Forschung muß sowohl den Nutzen einer Behandlung als auch den möglichen Schaden, der durch dieselbe Behandlung eintritt, qualitativ und quantitativ beschreiben. Sie muß beide dann im Zusammenhang mit der zu behandelnden Krankheit bewerten. Dabei sind einmal Faktoren zu berücksichtigen, die mit der Krankheit selbst zu tun haben, also Beeinträchtigung wichtiger Funktionen, Lebenserwartung, Prognose, Belastung für die Erkrankten und ihre Mitmenschen, zum anderen aber auch die Frage, ob bereits eine Behandlung existiert und wie gut sie ist. Als Ergebnis solcher Erwägungen muß dann entschieden werden, ob ein Medikament genügend therapeutische Vorteile bietet, um allgemein verfügbar zu werden. Diese Entscheidung wird nie von einer pharmazeutischen Firma zu treffen sein. An ihr sind sowohl Wissenschaftler außerhalb der Firma als auch Zulassungsbehörden und schließlich viele Ärzte beteiligt, die das Arzneimittel vor seiner Einführung geprüft haben. Auch gilt eine solche Entscheidung – laute sie positiv oder negativ – nicht unbedingt für alle Zeit. Die Bewertung eines Medikamentes kann sich nach einigen Jahren des freien oder beschränkten Gebrauchs ändern, und dies kann wesentliche Konsequenzen haben.

Die therapeutische Bewertung von Arzneimitteln ist manchmal relativ einfach – z. B. bei Antihypertensiva, Antibiotika oder bei analgetischen Substanzen. In anderen Fällen ist sie schwierig – wie bei Substanzen, die kognitive Defizite ausgleichen sollten, oder zumindest langwierig, wie bei Antirheumatica oder immunsuppressiven Stoffen.

Die Erfassung und Bewertung von Nebenwirkungen von Arzneimitteln ist nur dann einfach, wenn eine Substanz so toxisch ist, daß sie ohnehin nicht eingeführt wird oder wenn sie aufgrund einer typischen Giftigkeit nur in sehr beschränkter – also klinisch kontrollierter – Weise zur Anwendung kommt. In allen anderen Fällen gibt es prinzipielle Schwierigkeiten, die mit zwei Grundproblemen zu tun haben: erstens mit den Schwierigkeiten, an Tieren beobachtete toxische Wirkungen auf den Menschen zu übertragen; zweitens mit der Statistik. Gewisse Nebenwirkungen sind so selten, daß sie auch im Rahmen ausgedehnter klinischer Studien, bei denen einige 1000 Menschen untersucht werden, nie auftreten. Sie können aber andererseits so gravierend sein, daß sie auch bei seltenem Auftreten die Verwendung eines Medikamentes einschränken, eventuell sogar unmöglich machen können.

Toxizitätsstudien – dosis facit venenum

Die Untersuchung der Toxizität von potentiellen Arzneimitteln am Tier geht von der Frage aus, ob ein Stoff toxisch ist oder nicht. Sie basiert vielmehr auf der Annahme, daß jeder Stoff toxisch ist und daß Giftigkeit nur eine

Frage der Dosis ist: dosis facit venenum. Der Tierversuch dient lediglich der qualitativen und quantitativen Beschreibung der toxikologischen Risiken. Ein zu prüfendes Arzneimittel wird unabhängig von dem Dosisbereich, in dem sich eine pharmakologisch erwünschte Wirkung zeigt, in Dosen verabreicht, bei denen Nebenwirkungen auftreten. Dies gilt für akute Versuche, bei denen der zu prüfende Stoff nur einmal verabreicht wird, genauso wie für subchronische und chronische Versuche, bei denen das Arzneimittel über Wochen oder auch über Monate bis zu zwei Jahren gegeben wird. Der Toxikologe ist immer auf der Suche nach toxischen Wirkungen: er will wissen, welche Organe oder welche Funktionen von einer Substanz besonders bedroht sind. Oft muß er einen Stoff, um überhaupt einen Organbefund erheben zu können, 100-fach oder gar 1000-fach höher dosieren, als er später beim Menschen zur Aufwendung kommt. Hier besteht natürlich die Gefahr, daß er etwas findet und beschreibt, das für die Verhältnisse beim Menschen keine Bedeutung hat, umgekehrt, daß er subtile Veränderungen übersieht oder falsch interpretiert, die für den Menschen zwar bedeutungsvoll sein könnten, im Tierversuch aber nur unter ganz speziellen Bedingungen zu beobachten sind. Man hat in der jüngeren Vergangenheit versucht, diese Schwierigkeiten durch die Auswahl von Tierspezies zu umgehen, die ein Arzneimittel in ähnlicher Weise abbauen, wie der Mensch es tut. Hierbei geht man von der Einsicht aus, daß bestimmte toxikologische Wirkungen nicht vom Arzneimittel selbst stammen, sondern von einem oder mehreren seiner Abbauprodukte. Wenn nun z. B. beim Marmosetäffchen dieselben Hauptmetaboliten in etwa den gleichen Anteilen auftreten wie beim Menschen und wenn dies beim Beaglehund nicht der Fall ist, dann verwendet man zur Beschreibung der subchronischen oder chronischen Toxizität eben lieber das zuerst genannte Tier.

Was an den heute während der Entwicklung eines Arzneimittels durchgeführten Toxizitätsuntersuchungen beanstandet werden kann, ist nicht so sehr das Prinzip des Tierversuchs als vielmehr die starke Formalisierung, ja Ritualisierung der experimentellen Toxikologie. Wir führen chronische Toxizitätsuntersuchungen an Nagetieren und Hunden über Zeiträume von 12 und manchmal 18 Monaten durch und tun dies, obwohl die meisten Toxikologen darin übereinstimmen, daß man nach diesen langen Zeiträumen nichts mehr findet, was nicht auch schon nach sechs Monaten sichtbar wäre. Vielleicht noch fragwürdiger ist die Handhabung von Karzinogenitätsversuchen. In diesen Experimenten erhalten Nagetiere während ihres ganzen Lebens die maximal tolerierte Dosis eines Arzneimittels. Dabei kann es sich um tägliche Dosen handeln, die zwei oder manchmal drei Größenordnungen über den für die Therapie am Menschen vorgesehenen Dosen liegen. Die Frage, ob solche Experimente realistische, d. h. verwertbare Schlüsse auf die Gefährlichkeit eines Arzneimittels zulassen, kann nicht durchwegs bejaht werden. Dies ist angesichts der Existenz biochemischer, genetischer und molekularbiologischer Methoden, die uns in viel kürzerer Zeit – etwa in Tagen oder Wochen – einen Begriff von der Karzinogenität einer Substanz geben können, besonders unbefriedigend. Eigentlich wäre es die Aufgabe der staatlichen für Gesundheit und Forschung zuständigen Institute, also des Bundesgesundheitsamtes (BGA), der Food and Drug Administration (FDA) oder auch des Bundesforschungsministeriums (BFM), Studien durchzuführen oder wenigstens zu veranlassen, mit denen die Wertigkeiten neuerer Methoden im Vergleich zu dem etablierten und etwas verkrusteten Sicherheitsritual, wie es in der Arzneimittelentwicklung exerziert wird, näher bestimmt werden können. Dies würde allerdings auch bedeuten, daß Behörden und Ämter wissenschaftlich und politisch Stellung beziehen, also über ihren eigenen Schatten springen müssen – vielleicht eine etwas utopische Erwartung.

Die toxikologischen Untersuchungen im Rahmen einer erfolgreichen Arzneimittelentwicklung kosten heute etwa DM 10 Mio. Hier soll nicht über zu hohe Entwicklungskosten geklagt, wohl aber dafür plädiert werden, daß Beiträge dieser Größenordnung wirklich im Sinne der Arzneimittelsicherheit und nicht zur Charakterisierung der Reaktion von Hund und Ratte auf die Verabreichung unsinnig hoher Dosen eines Arzneimittels verwendet werden.

Klinische Toxizitätsstudien – ‚la vraie science et la vraie étude de l'homme – c'est l'homme'

Wichtiger für die Beurteilung eines Arzneimittels sind natürlich die Beobachtungen am Menschen. Sie beginnen in der sog. Phase 1 der Arzneimittelentwicklung mit der Prüfung der Verträglichkeit einer neuen Substanz und der pharmakologischen Wirkung am Menschen. Diese Phase beeindruckt den Außenstehenden vielleicht als besonders riskant: immerhin wird hier das neue Arzneimittel erstmals Versuchspersonen verabreicht. Tatsächlich aber wird hier so vorsichtig, schrittweise und unter so strenger ärztlicher Beobachtung vorgegangen, daß diese Phase der Arzneimittelentwicklung, wie schon Franz Gross vor Jahren bemerkte, die sicherste Phase in der klinischen Prüfung oder Anwendung einer Substanz ist. Während der folgenden Phase 2 wird die klinische Wirkung der neuen Substanz in einem bestimmten Dosisbereich im Vergleich zu Placebo oder bei sehr ernsten Erkrankungen, für die es schon eine Behandlung gibt, zu einem Standardtherapeutikum geprüft. In dieser Phase werden bereits einige Hunderte Patienten für verschieden lange Zeiträume mit einem neuen Therapeutikum behandelt. In Phase 3 schließlich wird das neue Präparat breit geprüft – an verschiedenen Patientengruppen und gegen mehrere Vergleichspräparate.

Die Registrierung erfolgt also auf der Basis von Daten, die an 1500–3000 Patienten gewonnen wurden – selten an einer größeren Zahl. Es leuchtet ein, daß während der klinischen Entwicklung nur häufige Nebenwirkungen erfaßt werden können. Eine Nebenwirkungsrate von weniger als 0.5% müßte in einer Stichprobenzahl von 1500 Fällen nicht unbedingt auffallen. Ganz zu schweigen von Nebenwirkungen mit noch geringerer Inzidenz. Solche Nebenwirkungen aber gibt es, und manchmal sind sie sogar sehr ernst. Der Fall des Chloramphenicols, eines sehr wirksamen und hervorragend verträglichen Antibiotikums, hat gezeigt, daß sogar außerordentlich seltene, aber ernste Nebenwirkungen zu sehr weitgehenden Einschränkungen in der Verwendung eines Arzneimittels führen können. Neben einer dosisabhängigen Knochenmarksdepression, die am Blutbild erkennbar und nach Absetzen des Medikamentes reversibel ist, bewirkt Chloramphenicol eine nicht dosiskorrelierte, nicht vorhersehbare Knochenmarksaplasie, die in etwa einem von 20–30000 Fällen auftritt. Diese Störung ist nicht reversibel und verläuft ohne Knochenmarkstransplantation tödlich. Das Risiko eines Patienten, an einer so schweren Arzneimittelkomplikation zu erkranken und vielleicht zu sterben, ist klein – eben 0,05 oder 0,03 Promille – aber real; und angesichts der Tatsache, daß die meisten Situationen, in denen Chloramphenicol wirkt, auch durch andere Antibiotika beherrscht werden können, empfiehlt es sich meistens, ein anderes Antibiotikum einzusetzen, das vielleicht weniger gut wirksam und verträglich ist, von dem aber keine so gravierenden Nebenwirkungen bekannt sind. Ausnahmen sind der Typhus abdominalis und die durch bestimmte E. coli-Bakterien hervorgerufene Meningitis von Säuglingen, die mit einer Mortalität von etwa 50% und zusätzlich mit der Möglichkeit bleibender Schäden bei der Hälfte der überlebenden Kinder belastet ist. Während sich also die Anwendung von Chloramphenicol bei banalen Infektionen wegen einer seltenen, aber häufig tödlichen Nebenwirkung verbietet, ist der Einsatz dieser Substanz bei bestimmten schweren Infektionen, die ihrerseits eine numerisch ungleich größere Lebensbedrohung darstellen, nach wie vor indiziert. Damit der Arzt angemessene Entscheidungen treffen kann, muß er einerseits die therapeutischen Wirkungen, andererseits aber auch die Risiken und besonders auch die numerisch kleinen, qualitativ aber beträchtlichen Risiken kennen. Wie kommt er zu dieser Kenntnis?

Arzneimittelüberwachung, ‚drug surveillance', ‚pharmacovigilance' – Probieren geht über Studieren

Bei dieser Technik handelt es sich um eine systematische Erfassung möglichst vieler Arzneimittelnebenwirkungen. Dies geschieht unabhängig davon, ob

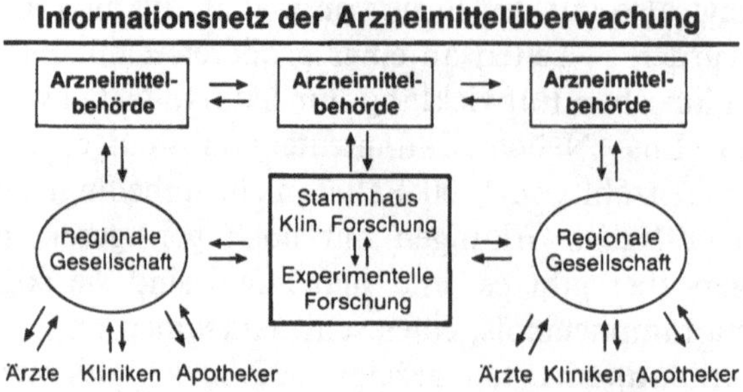

Abb. 1 Informationsnetz der Arzneimittelüberwachung

solche Nebenwirkungen bereits bekannt sind, unabhängig von ihrem Schweregrad, unabhängig von Dosierung und Applikation eines bestimmten Arzneimittels, also auch unabhängig davon, ob bei der Anwendung sachgemäß verfahren wurde oder nicht und schließlich auch unabhängig von Einschätzungen und Meinungen zu einem ursächlichen Zusammenhang. Die Verantwortung für die Durchführung solcher Arzneimittelüberwachungen liegt im allgemeinen bei den Herstellern, obwohl es z. B. in der Bundesrepublik auch eine Registrierungsstelle für Arzneimittelnebenwirkungen gibt, die unter der Verantwortung eines ärztlichen Berufsverbandes steht. Ziel einer systematischen Arzneimittelüberwachung ist die Schaffung möglichst umfangreicher Datensammlungen, die aus der Sicht des pharmazeutischen Unternehmens drei wesentliche Zwecke erfüllen müssen:

1. Die Erfassung möglicher Gesundheitsrisiken, die mit der Einnahme eines Medikamentes verbunden sind.
2. Die Möglichkeit, medizinischen Fragen, die sich aus der Anwendung von Arzneimitteln ergeben, sofort nachzugehen. Dies geschieht einmal durch gezielte Beobachtung, zum anderen aber auch durch besondere klinische Studien, z. B. Fallkontrollstudien, Kohortenstudien und in letzter Konsequenz durch randomisierte klinische Untersuchungen.
3. Eine genaue Arzneimittelüberwachung erlaubt es der Herstellerfirma, die Behörden eines bestimmten Landes über dort aufgetretene Nebenwirkungen prompt und präzise und im Rahmen der geltenden gesetzlichen Bestimmungen zu informieren.

Die Basis jeder Arzneimittelüberwachung ist die spontane Berichterstattung durch die Ärzte eines Landes an die dort ansässige Firma oder, bei international tätigen Konzernen, an die regionale Vertretung (Abb. 1). Diese meldet die erhobenen Befunde einerseits an die Arzneimittelbehörde des betreffenden Landes, andererseits an die klinische Forschungsabteilung des Stammhauses. Dort werden die aus aller Welt eintreffenden Befunde statistisch ausgewertet, zusammengestellt und beurteilt. Falls sich aus der Häufigkeit oder der Art bestimmter Nebenwirkungen Fragen ergeben, die der

Klärung bedürfen, dann werden von der Forschung oder von der klinischen Forschung des Stammhauses entsprechende Untersuchungen eingeleitet. Über die Ergebnisse solcher Phase IV-Studien werden dann sowohl die Behörden der betroffenen Länder als auch die regionalen Vertretungen der Firma informiert. Falls durch Spontanbeobachtungen oder aufgrund gezielter Beobachtungen oder Studien Risiken sichtbar werden, die eine Einschränkung in der Anwendung eines Arzneimittels nahelegen, werden die Anwendungsvorschriften geändert. Grundsätzlich unterstützen die meisten forschenden Unternehmen die Publikation wichtiger Daten und Erkenntnisse über die Nebenwirkungen von Arzneimitteln in häufig gelesenen wissenschaftlichen Fachzeitschriften. In vielen Fällen sind die Wissenschaftler und Kliniker einer Firma als Autoren an derartigen Publikationen beteiligt.

Die Internationalisierung der Arzneimittelforschung, auch die gegenseitige Information vieler nationaler Arzneimittelbehörden, bringt es mit sich, daß die Arzneimittelüberwachung heute ein globales Überwachungsnetz darstellt, das an die Informationstechnik, d. h. an die verwendete Hardware und die Softwareprogramme hohe Anforderungen stellt. Viele Firmen sind erst im Begriff, sich technisch, organisatorisch und personell so auszustatten, daß sie den Anforderungen, die durch ihre eigenen Arzneimittel entstehen, wirklich gerecht werden können. Ein anderes und vermutlich ernsteres Problem liegt in der unterschiedlich hohen Wahrnehmungsschwelle der Ärzte in verschiedenen Ländern. Pharmakologisch geschulte und mit den Grundprinzipien der Arzneimittelüberwachung vertraute Ärzte liefern ungleich mehr und besser verwertbare Informationen als Ärzte, denen die Grundgedanken der Arzneimittelüberwachung noch fremd sind. Hier bleibt sowohl für die Pharmaindustrie, für die Gesundheitsbehörden, aber auch für alle Institutionen, die für die ärztliche Ausbildung und Weiterbildung verantwortlich sind, noch viel zu tun.

Eine bessere Arzneimittelüberwachung liegt im Interesse aller: sie wird uns helfen, therapeutische Risiken besser abzuschätzen und die Arzneimitteltherapie rationaler zu gestalten. Sie wird dazu beitragen, Arzneimittel mit schlechtem Risiko/Nutzen-Verhältnis zu identifizieren und gegebenenfalls zu eliminieren; sie wird es ermöglichen, wertvolle Arzneimittel so zu verwenden, daß Risiken möglichst klein gehalten werden, und sie wird schließlich dank einer detaillierteren Kenntnis und realistischeren Einschätzung von Arzneimittelrisiken der Forschung neue Ansätze zur Entwicklung verbesserter Arzneimittel geben.

Von allen Methoden, Arzneimittelrisiken zu verstehen und zu quantifizieren, ist die Arzneimittelüberwachung, die Pharmacovigilance, die beste, weil spezifischste. Leider ist sie auch diejenige, deren Durchsetzung und Kontrolle die größten Schwierigkeiten bereitet. Auf zwei Aspekte also sollten wir unsere Aufmerksamkeit besonders konzentrieren, wenn wir die Anwendung von Medikamenten sicherer machen und dem Ideal des ‚primum nil nocere‘

näher kommen möchten: auf eine wissenschaftliche Verfeinerung unserer experimentellen Methoden zur Definition der theoretischen Risiken – und auf den Ausbau und die Verdichtung der Arzneimittelüberwachung zur Vermeidung also der tatsächlichen Unsicherheiten.

Die Last des Überflusses oder vorgesehene oder unvorhersehbare Arzneimittelkatastrophen

Kritische Anmerkungen zum Thema Sicherheit von Medikamenten

U. M. Moebius

Der Begriff Sicherheit umschreibt Bedingungen des Sicherseins, der Gewißheit, der Ruhe, der Sorglosigkeit, der Geborgenheit und des Geschütztseins. Die besonderen Umstände des Arzneimittelmarktes lehren uns jedoch, diesen Begriff defensiv zu verwenden. Wer das Wort Sicherheit im Munde führt, umschreibt damit eigentlich den Zustand der Unsicherheit. Die gesetzlichen Bestimmungen anerkennen in der Bundesrepublik Deutschland z. B. explizit den Zustand der Arzneimittelunsicherheit. So heißt es in einer ministeriellen Präambel für das bundesdeutsche AMG von 1976:

„Trotz aller Sicherungen, die durch das Gesetz ... eingebaut worden sind, lassen sich Schäden, die ihre Ursache im Bereich der Entwicklung, der Herstellung oder der fehlerhaften Information haben, nicht mit Sicherheit ausschließen."

In der Bundesrepublik Deutschland ist kraft Gesetz der pharmazeutische Unternehmer verpflichtet, sich gegen Arzneimittelschäden zu versichern, die er schuldhaft verursacht. Schützt aber z. B. eine Hagelversicherung vor Hagel? Mithin muß die Versicherungswirtschaft das leisten, was eigentlich Aufgabe des Gesetzgebers ist.

Unsere „Sicherheitsstandards" unterliegen der beständigen Umwertung. Vor *Contergan* galt in vielen Industrieländern das totale Laisser-faire. Inzwischen gewöhnen wir uns daran, daß hochgelobte Marktrenner von heute die Schlagzeilen von morgen bilden. Dem neuen Arzneimittelgesetz von 1961 folgte Ende der 70er Jahre der Skandal um den Appetitzügler *Menocil*, und seit der bundesdeutschen Gesetzesänderung von 1976 mußten mehrere Dutzend Wirkstoffe unter spektakulären Umständen vom Markt genommen werden. Stoffe, wohlgemerkt, die nach den neuen gesetzlichen Bestimmungen im Hinblick auf Wirksamkeit und Unbedenklichkeit für sicher von der Gesundheitsbehörde erklärt worden waren. Da verschwanden über Nacht

Rheumamittel wie *Coxigon, Amuno Gits, Pacyl* oder *Flosin*. Antidepressiva wie *Alival, Psyton* oder *Normud* lösten weltweite Rücknahmen aus, Plasmaprodukte für die Transfusionsmedizin und für Bluter wurden als HIV-verseucht erkannt. Auf ihr Konto gehen schätzungsweise 2000 HIV-Infektionen bei Blutern in der Bundesrepublik Deutschland. Einige der Betroffenen sind bereits verstorben. Selbst Stoffe wie in *Tanderil* oder *Butazolidin*, Produkte eines renommierten Schweizer Pharmakonzerns, erhielten nach jahrzehntelangem Gebrauch Restriktionen. Über die Gefährlichkeit und zugleich Nutzlosigkeit von Frischzellpräparaten wurde bereits in den 50er Jahren nachgedacht. Das Aus kam für diese Zubereitungen aus tierischen Organen jedoch erst 1987. Jetzt wurde der Tod einer bekannten Siebenkämpferin staatsanwaltschaftlich untersucht. Die vom Staatsanwalt bestellten rechtsmedizinischen Gutachten offenbaren einen Abgrund an Arzneimittelunsicherheit. Für den Tod der Siebenkämpferin kommen bekannte Schmerzmittel, wie sie noch vor kurzem freiverkäuflich in Apotheken zu haben waren, vom Typ des *Novalgin* ebenso in Frage wie Zellpräparationen aus Tierextrakten. Ein Wochenmagazin beschrieb für diesen tragischen Fall die Fehlleistungen von mehr als einem Dutzend Ärzten. Doch nicht jeder Arzneimittelzwischenfall findet öffentliche Aufklärung. Verschwunden sind die Akten um den Tod des Geschäftsführers der Arzneimittelkommission der Deutschen Ärzteschaft im Zusammenhang mit dem Schmerzmittel Metamizol. Nach Schätzungen sterben an Arzneimitteln in der Bundesrepublik Deutschland mindestens ebensoviele Menschen, wie Opfer im Straßenverkehr jährlich zu beklagen sind. Und das ist immerhin eine fünfstellige Zahl.

Von Arzneimittelsicherheit läßt sich schon deshalb nicht sprechen, weil Arzneimittel systematisch auf ihre Verträglichkeit nicht überwacht werden. Nur ein Bruchteil, man spricht von der Spitze eines Eisbergs der wahrscheinlich eintretenden Arzneimittelschädigungen, wird erkannt, und von den erkannten Schädigungen werden die wenigsten gemeldet. Und selbst wenn Ärzte aus ihrer Verantwortung gegenüber ihren Schutzbefohlenen Meldungen abgeben, ist noch lange nicht gesagt, daß diese Berichte von den zuständigen Stellen richtig erfaßt und ausgewertet werden.

Daß Firmen der pharmazeutischen Industrie vermeidbare Arzneimitteldesaster regelrecht vorprogrammieren, zeigen exemplarische Beispiele:

Der amerikanische Pharmakonzern Merck, Sharp & Dohme führte Anfang der 80er Jahre ein neues galenisches Prinzip in die Medien ein. Als quasi Dauerinfusion aus einer Kapsel sollte der Entzündungshemmer Indometazin so gleichmäßige Wirkstoffspiegel im Blut der Rheumakranken ergeben, daß fluktuierende Wirkstoffkonzentrationen ausblieben. Marktschreierisch hatte Merck, Sharp & Dohme in Illustrierten wie in der Quick tönen lassen, daß nun die wirksamste Substanz in der Rheumatherapie als „Dauerfusion von innen“ „endlich Hilfe gegen Rheuma“ biete. Ärzten wurde die Neuheit *Amuno Gits/Osmogit* als „die Rheuma-Innovation des Jahrzehnts" angedient. Die von Merck, Sharp & Dohme behauptete bessere Verträglichkeit der Neuheit erwies sich als haltlos. *Osmogit*- und *Amuno Gits*-Kapseln zerstörten punktförmig die Magen-Darm-Schleimhaut, lösten schwere Magen-Darm-Blutungen aus und wanderten in die Bauchhöhle ein, wo sie z. B. bei Operationen oder bei der Sektion wiedergefunden wurden. Als osmotische Pumpe hatte die Firma der Kapsel ein Kaliumsalz zugefügt, das für geschwürauslösende Eigenschaften bekannt ist, und vom Hauptwirkstoff Indometazin kannte man ebenfalls geschwürauslösende Eigenschaften. Der Lötlampeneffekt dieser Zubereitung war für jeden Sachkundigen von vornherein erkennbar. Noch bevor die katastrophalen Folgen öffentlich diskutiert wurden, fragte ich die Herstellerfirma, die *Osmogit* und *Amuno Gits* in Verkehr brachte, nach der pharmakologischen Absicherung der Verträglichkeit, da anzunehmen war, daß eine solche Membrankapsel in Ausbuchtungen des Darms hängenbleiben und Geschwüre verursachen kann. So etwas war Anfang der 70er Jahre in der Fachliteratur für Eisenpräparate mitgeteilt worden. Doch die Firma dementierte mit Erfahrungen an 15000 Patienten in klinischen Studien in Europa und USA und nannte meine Befürchtung eine „theoretische Spekulation". Ein knappes halbes Jahr später wurden Todesfälle aus allen Ländern gemeldet, in denen *Amuno Gits*- und *Osmogit*-Membrankapseln im Handel waren. Etwa jeder 10.000ste Verwender starb. Die Firma ordnete den Rückzug an. Merck, Sharp & Dohme brachte ein Arzneimittel in den Handel, dessen Gefährlichkeit im primitivsten Tierexperiment zu erkennen war. Fixierte man die Membrankapsel für 24 Stunden mit Hundemagen, zeigten alle Versuchstiere schwere Schleimhautschädigungen und mehr noch, die Polymerfilmbeschichtung der Membrankapseln wirkte wie Klebstoff, wenn sie mit Schleimhäuten in Kontakt kam. Experimente an der Speiseröhre des Schweins bewiesen dies. Die lochförmige Freigabe der hochaggressiven Inhaltsstoffe aus der Membrankapsel hatten den beschriebenen Lötlampeneffekt auf Magen- und Darmschleimhaut. Eine öffentliche Untersuchung dieser Zwischenfälle hat bis heute nicht stattgefunden. Der damalige deutsche Geschäftsführer von Merck, Sharp & Dohme antwortete auf meine Frage nach der kaufmännischen Rechtfertigung dieses Flops: „Unser Konzern macht 3 Milliarden Dollar Umsatz jährlich, was sind da 50 Millionen Dollar Verlust?"

Das deutsche Bundesgesundheitsamt gibt Medikamente wie *Carnivora* für den Massengebrauch mit der Hoffnungsindikation als Antikrebsmittel frei, weil wirksame therapeutische Alternativen fehlen. *Carnivora* enthielt einen Extrakt aus einer fleischfressenden Pflanze. Ein wirksames Prinzip hatten Pharmakologen nicht isoliert, wohl aber zu bedenken gegeben, wie schädlich die Pflanzenfremdproteine in *Carnivora* für den menschlichen Organismus sein können. Heftige Fieberreaktionen und Schock zwangen die deutsche Behörde, wenige Monate nach Zulassung ein Verbot für dieses Medikament auszusprechen.

Der Begriff Arzneimittelsicherheit muß für beamtete Risikoexperten in einer Gesundheitsbehörde inhaltlich etwas anderes darstellen als für den Durchschnittsbürger. Der Leiter der Abteilung Arzneimittelverkehr des Bundesgesundheitsamtes entgegnete auf Anfrage, weshalb das Kosmetikum Canthaxantin zur Bronzefärbung der Haut nicht sofort vom Bundesgesundheitsamt verboten werden könne, wenn es nachweislich in Kristallform in der Netzhaut abgelagert werde und zur Schädigung des Dämmerungssehens führe, wörtlich, er müsse erst die „Biochemie der Ablagerungen kennen". Farbaufnahmen des Augenhintergrundes, auf dem sich die Ablagerungen von Canthaxantin, so hieß der Wirkstoff, darstellten, waren dem Beamten nicht überzeugend genug, um sich seiner Sache auch von der Chemie her sicher zu sein. Daß schließlich das Bundesgesundheitsamt Canthaxantin-haltige Arzneimittel wie *Bellacarotin* doch verboten hat, beruhte nicht auf gewachsenen Erkenntnissen, sondern auf dem durch eine Pressekampagne gewachsenem öffentlichen Bewußtsein der Gefahr. Das Amt mißachtet Grundsätze höchstrichterlicher Rechtsprechung, wonach bei begründetem Verdacht ohne wissenschaftlichen Nachweis der Schädlichkeit Schutzmaßnahmen für den Arzneimittelverbraucher zu treffen sind. Es ignoriert auch vorhersehbare Risiken.

18 Todesfälle werden allein dem Alkoholentwöhnungsmittel *Altimol* der Firma Merck angelastet, abgesehen von anderen schweren Erkrankungen, die dieses Medikament für den Alkoholentzug ausgelöst hat. Seit gut drei Jahren ermittelt der Staatsanwalt, warum mit *Altimol* ein anerkanntes Stoffwechselgift, dessen Leberschädlichkeit allenthalben bekannt war, ausgerechnet Alkoholikern von Ärzten verschrieben wurde, wo doch jeder Medizinstudent Lebervorschädigungen bei Alkoholikern kennt.

Als geradezu auf Arzneimittelzwischenfälle abonniert, hat sich der Ciba-Geigy-Konzern einen Namen gemacht. Ich spreche hier nicht von den mehr als 10.000 Opfern *Mexaform*-haltiger Durchfallmittel oder den über 1.285 Todesfällen in Verbindung mit *Tanderil* oder *Butazolidin.* Ich spreche hier von der Hartleibigkeit einer Firma, die schon 1980 das immunallergische Potential des angeblichen Leberschutzmittels *Catergen* kannte, denn ein Großteil der damit Behandelten bildete Antikörper. Die Firma wußte davon, ohne Gesundheitsbehörden oder Ärzte zu unterrichten, geschweige denn, das Arzneimittel aus dem Handel zu nehmen. Nicht aus eigener Einsicht, sondern erst nach einem Verbot der italienischen Gesundheitsbehörden, kam *Catergen* im September 1985 außer Handel. Zwischenfälle mit *Catergen*, z. B. Leberschädigungen, waren schlecht erkennbar, weil die damit Behandelten das angebliche Lebermedikament bei vorbestehenden Leberfunktionsstörungen bekamen. Wirksamkeitsstudien hatten obendrein ergeben, daß *Catergen* wahrscheinlich gar nicht wirkt, und so stehen wir hier wie zuvor bei *Altimol* vor einem Paradox: Ein Medikament wird bei Krankheiten verordnet, bei denen es unter keinen Umständen gegeben werden darf.

Wir sollten ob unserer Gesundheit nicht arrogant das hier in Frage Stehende verdrängen und meinen, nur Kranke seien von solchen Gefahren betroffen. Auch Gesunde können erheblich gefährdet sein, wenn sie z. B. auf einer Tropenreise ein Malariaprophylaktikum verwenden. Schon 1982 wußte Hoffmann-La Roche in Basel von der Gefährlichkeit des weit verbreiteten Malariamittels *Fansidar*. Dem Mittel werden schwere Hautreaktionen mit tödlichem Ausgang angelastet. Damals sprach die Firma von zehn Fällen auf 1,5 Millionen Verwender. Daß man die Risikokontrolle einer solchen Firma nicht überlassen darf, brachte nachgehende Recherchen des Center for Disease Conrol in Atlanta, also des US-amerikanischen Seuchenzentrums, ans Licht. Das Seuchenzentrum ermittelte schwere Hautreaktionen in einer Häufigkeit von 1 : 5000 bis 1 : 8000, und das tödliche Risiko wurde auf 1 : 11000 bis 1 : 25000 aufgrund gezielter Recherchen angenommen. Arzneimittelsicherheit wird damit zum relativen Begriff. Wer nicht nachforscht, darf sich in Sicherheit wiegen.

Arzneimittelkatastrophen kündigen sich frühzeitig an. Sie haben in den wenigsten Fällen einen Bergrutsch-Charakter. Daß sie vorhersehbar und nicht unvorhergesehen auftreten, dafür sind für mich die Vorgänge um das sogenannte Antidepressivum *Alival* und *Psyton* der Hoechst AG Beweis.

Unterstützt durch Experten aus Gesundheitsbehörden und Wissenschaftlern aller Welt und mit Zugang zu bisher unveröffentlichten Unterlagen der Hoechst AG und der amerikanischen Aufsichtsbehörde FDA untersuchte ein parlamentarischer Ermittlungsausschuß des US-amerikanischen Repräsentantenhauses Vorgänge um die Zulassung und Rücknahme des Nomifensin-haltigen Antidepressivum *Merital (Alival, Psyton)* in den USA.

Der Bericht des Ermittlungsausschusses vom Juli 1987 enthält viele, bislang unbekannte Details über Art, Schwere, Ausmaß und Erkennungszeitpunkte von Unverträglichkeiten im Zusammenhang mit der Verwendung von Nomifensin.

Mit Gewißheit steht fest, daß die Hoechst AG das schwerwiegende immunallergische Potential von Nomifensin seit spätestens 1979 aus spezifischen Laboruntersuchungen und durch Fallberichte von Ärzten über Zwischenfälle kannte, ohne Ärzte, Patienten und Gesundheitsbehörden in aller Welt über den Gefährdungsgrad beim weiteren Inverkehrbringen Nomifensin-haltiger Arzneispezialitäten aufzuklären.

Der Nomifensin-Vertrieb hätte spätestens 1984 enden müssen, als ein sprunghaftes Ansteigen hämolytischer Anämien und anderer Symptome eines immunallergischen Syndroms in der Schadensstatistik im Vergleich zum Vorjahr auffiel. Die Hoechst AG kaschierte jedoch für die Einordnung als Immunsyndrom entscheidende Krankenblattdaten nahezu methodisch: Die Aufsichtsbehörde in den USA erhielt einzeilige Computerausdrucke mit summarischen Aufstellungen in Tabellenform pro Zwischenfall, in denen die Symptome isoliert und unter Verschweigen relevanter Fakten mitgeteilt wurden. Berichte mit tödlichen Zwischenfällen oder schwerwiegenden Komplikationen erreichten entgegen der in den USA für pharmazeutische Unternehmer gesetzlich festgelegten Meldefrist von 15 Tagen um Jahre zu spät die Behörde (im Extremfall bis zu 7 1/2 Jahre). Sicherheitsrelevante Publikationen gingen der FDA weder als Originalveröffentlichungen noch als englisch-sprachiger Abstract zu. Auch hier benutzte Hoechst die Methode der summarischen Titelauflistung der Publikationen ohne Inhaltswiedergabe.

Noch nach dem weltweiten Rückzug von Nomifensin blieb der US-amerikanischen Aufsichtsbehörde verborgen, daß Nomifensin ein extrem hohes immunogenes Störpotential besaß – erkennbar dadurch, daß über 80 % der mit Nomifensin Behandelten Antikörper gegen das Arzneimittel oder seine Metaboliten bildeten [s. Schweiz. Med. Wschr. v. 3. Dez. 1983]. Nomifensin wird als die größte Arzneimittelkatastrophe der Nachkriegsmedizin in die Geschichte eingehen – weit vor *Contergan* und den durch HIV-verseuchte Plasma-Produkte verursachten Arzneimittelschäden. Nach Untersuchungen an der Harvard-Universität erkrankten bis zu 17 % der mit Nomifensin Behandelten an einer Hyperpyrexie, wobei hohes Fieber mitunter Vorbote für spätere, weitaus schwerere Komplikationen war. Der als Antidepressivum verwendete Arzneistoff – in diesem Indikationsbereich wird die klinische Wirksamkeit von Experten unterschiedlich beurteilt – verursachte ein breites Spektrum an Unverträglichkeiten. Zielorgane konnten, wie in a-t 8 (1986), 70 beschrieben, Hirn, Herz, Haut, Muskulatur, Gelenke, Leber, Nieren, Lungen und die Blutgefäße sein. Mit über hundert literaturkundigen Fallbeschreibungen [vgl. Dtsch. Med. Wschr. *111* (1986), 1262] einer hämolytischen Anämie steht Nomifensin an der Spitze aller Arzneistoffe, die diese Erkrankung bedingen können. Nimmt man Ermittlungen des US-amerikanischen Untersuchungsausschusses zur Grundlage einer Beurteilung, haben Zehntausende von Menschen durch dieses Medikament schwere und schwerste Schäden erlitten. Allein im Verfügungszeitraum von nur vier Monaten auf dem US-amerikanischen Markt sind nach Schätzungen des Untersuchungsausschusses 20 Fälle einer hämolytischen Anämie bei einer behandelten Population von annähernd 100.000 Menschen aufgetreten. Hierbei sind nicht einmal andere Anämieformen wie normochrome Anämie oder normozytische Anämie miteingeschlossen, die ebenfalls mit einem hämolytischen Prozeß in Verbindung stehen können, Wenn, wie im allgemeinen als Dunkelziffer vermutet wird, nur jede zehnte unerwünschte Wirkung eines Arzneimittels erfaßt wird, beträgt das Risiko der hämolytischen Anämie zwei Fälle per tausend Patienten oder 0,2 %. Diese Häufigkeit übertrifft bei weitem unsere bisherige Schätzung [s. a-t 6 (1986), 50]. Bei weltweit 15 Millionen mit Nomifensin behandelten Patienten bedeutet die Häufigkeit von 0,2 %, daß 30.000 Menschen die vielfach deletär endende hämolytische Anämie infolge Nomifensin erlitten hätten. Nicht glaubwürdig sind nach dem Urteil des Untersuchungsausschusses des amerikanischen Repräsentantenhauses Einlassungen der Hoechst AG, wonach dieses Risiko als extrem gering sei mit einer geschätzten Häufigkeit von etwa 1,07 auf eine Million Behandlungsmonate. Ebensowenig glaubwürdig ist die Angabe der Hoechst AG, daß hämolytische Anämien während der US-amerikanischen Erprobung von Nomifensin nicht vorkamen. Bei näherer Durchsicht der Unterlagen fand z. B. der Untersuchungsausschuß einen Zwischenfall mit hämolytischer Anämie in Verbindung mit Fieber und Leberschädigung, darunter mit für Nomifensin ganz typischen Läsionen. Nach Auffassung des Ermittlungsausschusses offenbart dies nicht nur die unsorgfältige Auswertung klinischer Prüfdaten durch die Hoechst AG, sondern spricht auch für die Vermutung einer erheblich höheren Schädigungsrate durch hämolytische Anämien, als sie europäischen Nebenwirkungserfassungssystemen zu entnehmen sind.

Ist erst einmal der Rote-Hand-Brief an Ärzte geschrieben, der den Marktrückzug eines Medikamentes signalisiert, läuft das Wechselspiel von Versuch und Irrtum weiter. Nach dem *Alival*-Unglück schließt Hoechst die Antidepressiva-Forschung und betätigt sich im Antibiotika- und Keislaufbereich. Lilly verläßt nach dem unfreiwilligen Marktabgang von *Coxigon* den Rheumasektor und setzt jetzt Schwerpunkte im Antidepressiva-Bereich. Merck Darmstadt beendet über Nacht alles, was mit der Behandlung der Alkoholsucht und dem Unheilmittel *Altimol* zu tun hat und bringt mit *Concor* als Neuausbietung den 24. Betarezeptorenblocker für Herz-Kreislauf-Kranke auf den Markt. Die US-amerikanische Merck, Sharp & Dohme wagt wohl kaum nochmals, eine „Rheuma-Innovation" anzubieten. Dem *Amuno-Gits*-Debakel scheint ein weiteres mit dem Hochdruckmittel Enalapril (*Pres, Xanef*) zu folgen. Gäbe es eine Rangfolge der nebenwirkungsträchtigen Medikamente, wäre *Pres/Xanef* ein zweiter Rang hinter dem neuen Hoechst-Antibiotikum *Tarivid* sicher.

Irgendwann einmal droht auch im Pharmabereich Konsumverweigerung, medizinisch Non-Compliance genannt, als Analog der Verkarstung. Umfragen zum Image der Arzneimittelhersteller deuten auf Abwärtstrends, langsam aber stetig.

Nicht Waschküchenbetriebe, sondern Großunternehmen wie Lilly, Merck Darmstadt, Merck, Sharp & Dohme oder die Hoechst AG lassen im Unglück die Betroffenen ohne Hilfe. Da beeindruckt die „Glieder-Taxe" des Ciba-Geigy-Konzerns nicht so sehr durch die Höhe der Entschädigung, sondern durch das Anerkenntnis von Verantwortung. Der Chemiekonzern findet Lähmungen der Gliedmaßen und Blindheit oder andere Nervenschädigungen mit etwa 4000,– DM pro Fall in Schweden ab. Einem deutschen Studenten, der den klinischen Tod infolge Ausblutung nach dem Pseudomedikament *Catergen* überlebte, stellte die Ciba-Geigy-Tochter Firma Zyma 1400,– DM Schmerzensgeld in Aussicht.*

* Seit Juli 1987 wertet Zyma Meldungen mit schweren Lähmungen nach *Edrul*, einem harntreibenden Medikament, aus, das von Bayer Leverkusen entwickelt worden war. Mehr als 100 Menschen sollen betroffen sein.

Im Auto- und Flugzeugbau ist heute Unfallforschung selbstverständlich. Es wäre eine zivilisatorische Errungenschaft und ein Ausdruck des Arzneimittelwohlstandes, gingen Firmen dazu über, Serienunfälle mit Medikamenten systematisch zu erforschen, um Wiederholungen zu verhindern. Die Pharmaindustrie investiert großzügig im Bereich der Produktentwicklung. Was aber hinter unfreiwilligen Produktionsstopps steht, wird kaufmännisch abgeschrieben. Die Verlustzuweisungen für die Schadennachsorge überläßt man der Solidargemeinschaft der Versicherten, die für Invalidität und Tod als Medikamemtenfolge aufzukommen hat.

Dies alles steht im Widerspruch zur höchstrichterlichen Rechtssprechung (*Contergan*-Einstellungsbeschluß). Wer ein Arzneimittel auf den Markt bringt, schafft daher neben dem Nutzen auch eine gewisse Gefahrenquelle. Damit trifft ihn auch die Pflicht zur Gefahrenabwehr. Ein Ausspruch von Walter Benjamin soll die Situation kennzeichnen: „Die Katastrophe ist, daß alles so weitergeht.“

Diskussion

Diskussionsleiter: Ich glaube, der Zündstoff ist gegeben. Die Industrie wird wohl auf das, was Dr. Moebius gesagt hat, reagieren. Ich stütze mich auf zwei seiner Forderungen und möchte die Frage an Sie, Prof. Drews richten. Dr. Moebius verlangte eine vollständige Öffnung der Datenbanken und eine behördliche Definition der Anwendungsgebiete. Wie stehen Sie dazu?

Drews: Gestatten Sie mir, vielleicht noch etwas globaler auf die Bemerkung von Prof. Moebius einzugehen. Er hat sich ja auch verschiedentlich an mich gewandt und beanstandet, daß meine Darstellung vielleicht zu generell oder zu wenige kontrovers war, daß ich zu wenig bereit gewesen sei, auch Pannen zu zitieren oder Einzelheiten zu beschreiben oder aus der Erfahrung der Roche-Forschung zu berichten, wo eben auch Fehler gemacht worden sind. Ich stehe überhaupt nicht an, zuzugeben, daß es Pannen gibt. Überall da, wo gearbeitet wird, wo Menschen arbeiten, versuchen, etwas zustande zu bringen, werden auch Fehler gemacht und entstehen auch Pannen. Was ich zum Ausdruck bringen wollte, war lediglich ein grundsätzlicher Standpunkt, den ich, den meine Firma und den ein großer Teil der forschenden pharmazeutischen Industrie einnimmt und der sozusagen als Rahmen und als Grundlage für die Bewertung von Arzneimitteln dient. Nun zu den spezielleren Punkten: Was Sie jetzt genannt haben, die Datenbanken – nun, da sind wir ja dabei, ebensolche Datenbanken zu schaffen, sie müssen ja erst geschaffen werden, und ich finde, daß man nicht nur die Industrie, sondern andere Institutionen überfordert, wenn man jetzt schon verlangt, daß sie ihre Datenbanken öffnen sollten. Möglicherweise befinden sich die in einem Zustand, der eine geordnete Verwendung gar nicht zuläßt. Zunächst einmal sind unsere Datenbanken Banken, die unseren Ärzten, bzw. all denen zur Verfügung stehen, die mit unseren Medikamenten zu tun haben. Daß man sich zusammenschließt, daß die Arzneimittelfirmen, daß auch die Behörden der großen Länder eines Tages dahin kommen, wenn bestimmte Definitionen vorliegen, wie sie die COMS jetzt versucht und bestimmte prozedurale Dinge festgelegt sind, dagegen habe ich überhaupt nichts. Voraussetzung ist, daß man sich dieser Daten nach bestimmten und von allen verstandenen und auch eingehaltenen Spielregeln bedient. Ich würde es begrüßen, wenn wir dahinkämen. Ich begrüße eben auch die Initiative dieser spontan entstandenen COMS-Gruppe. Nur ist die Herstellung von Datenöffentlichkeit und das Publizieren von Daten eine zweischneidige Sache. Daten sind ja zum großen Teil Auskünfte, deren Interpretation ein gewisses Fachwissen erfordert. Nicht nur ein gewisses Fachwissen, sondern auch Kenntnis von bestimmten Umständen. Solche Daten einfach freizugeben und jeder Art von Betrachtung, von Auswertung, von Beliebigkeit, auch von Polemik zu überlassen, lehne ich ab. Herr Moebius, Sie sind ja in Ihren Formulierungen nicht gerade zimperlich. Ich meine, daß Sie schon einen kleinen Vorgeschmack gegeben haben, obgleich Sie das sicher noch besser könnten, als Sie es heute getan haben – aber Sie haben ja ein kleines Beispiel für anekdotische und plakative Polemik geliefert. Wenn Daten dann oberflächlich und vielleicht polemisch so ausgewertet werden, dann bin ich ganz entschieden dagegen, daß man sie der Öffentlichkeit zugänglich macht. Ich bin dafür, daß man Daten den Leuten zugänglich macht, die etwas Qualifiziertes damit anfangen können.

Fr. Plewe: Herr Dr. Moebius, was ich an Ihnen so bewundere, ist, daß Sie immer schon alles vorher gewußt haben. Ich hätte aber dazu gerne auch Beweise, und nicht nur Ihre Meinung. Zum einen haben Sie Birgit Dressel und die Frischzellentherapie erwähnt. Zum Tod von Birgit Dressel gab es eine staatsanwaltliche Untersuchung, da wurde festgestellt, daß keine eindeutige Todesursache gefunden werden konnte. Im „Spiegel" konnte man dann nachlesen, was Frau Dressel in den letzten Jahren alles verabreicht bekommen hat. 150 Medikamente sollen es gewesen sein. Wieso behaupten Sie, Frischzellen seien für den Tod von Birgit Dressel verantwortlich, welche Belege haben Sie dafür? Der zweite Punkt ist der Tod von Rainer Ochsenpfad. Das letzte, was ich dazu in der „Presse" lesen konnte, war, daß eine eindeutige Todesursache nicht feststellbar war, jedenfalls kein Zusammenhang mit Metamezol. Sie stellen sich hin und sagen, Metamezol ist verantwortlich für den Tod von Rainer Ochsenpfad. Auch dafür hätte ich gerne Belege. Eine letzte Anmerkung noch: Ihr Beispiel mit der Fischindustrie finde ich eigentlich nicht besonders hilfreich, weil zumindest in der Bundesrepublik jeder weiß, daß das Darniederlegen der Fischindustrie auch damit zu tun hat, daß Monitor-Redakteure Nachrichten, die sie hätten haben können, nicht ausgestrahlt haben. Nachrichten, die das Publikum hätten beruhigen können. Insofern fand ich den Vergleich mit der Fischindustrie wirklich nicht sehr hilfreich.

Moebius: Das ist ja die alte Geschichte. Immer ist der Überbringer einer Botschaft der Bösewicht, und nicht der Täter ist anzuklagen. Wir müssen auf Faktenbasis argumentieren. Im Fall Birgit Dressel gibt es dieses 105 Seiten starke gerichtsmedizinische Gutachten. Darin steht eindeutig der Krankheitsbefund eines immunallergisch-toxisch-infektiösen Geschehens auf der Grundlage einer aufsteigenden Lähmung, die bestimmte autonome thorakale und lumbale Ganglien befiel. Das ist ein Krankheitsbild, das ganz ganz typisch für die Folgen der Frischzellenanwendung ist. Ich habe das mit einem Experten diskutiert, mit dem Kollegen de Ridder aus dem Urban-Krankenhaus, der das auch in der Deutschen Medizinischen Wochenschrift publiziert hat. Ich bin also hier auf der sehr sicheren Seite der Expertenmeinung, und ich stehe auch dazu. Ich bin auch der Erste gewesen, der auf diesen Sachverhalt in Verbindung mit Metamezol hingewiesen hat.

Der zweite Punkt betrifft Rainer Ochsenpfad. Ochsenpfad ist nach allem, was man weiß, an einem Moschowitz-Syndrom – das ist ein extrem rares Syndrom, auch ein immun-allergisches Geschehen im Bereich der Blutgerinnung – erkrankt und mutmaßlich auch im Gefolge einer Metamezol-Medikation verstorben. Das Bedauerliche – und das habe ich ja herausgestellt – ist in diesem Fall, daß die Akten verschwunden sind und daß gerade dort, wo eigentlich vorbildlich gearbeitet werden muß, dann kein Eintrag im Computersystem vorliegt. Dafür war es ein Beispiel.

Kotwas (Berlin, Krankenhausapotheker): Nicht direkt eine Frage an Herrn Moebius, sondern auch zu dem, was Sie, Herr Dr. Drews, gesagt haben. Sie erwähnten, Datenbanken seien vorhanden, aber sie seien in einem Zustand, in dem sie nicht immer geöffnet werden können. Wenn ich Herrn Moebius richtig verstanden habe, hob er unter anderem auch auf die Frage „Ciba-Geigy und Phenylbutazon" ab. Erinnern wir uns, wie sich die Firma geziert hat, die Daten, die ja nun einmal vorhanden waren, öffentlich zu machen. Pointierte Darstellungen sind nun einmal dazu da, um bestimmte Dinge klar zu machen. Klar ist doch in diesem Zusammenhang geworden, daß Phenylbutazon-Daten vorhanden waren und zwar in dramatischer Art und Weise vorhanden waren, die eben nicht öffentlich gemacht worden sind. Und wenn ich also Herrn Moebius verstehe, ist auch dieses gemeint: Es geht nicht darum, daß Daten ungewertet und ungewichtet öffentlich gemacht werden, sondern daß Daten, die in der pharmazeutischen Industrie, beim Bundesgesundheitsamt oder anderen Institutionen vorhanden sind, der Öffentlichkeit – zunächst der Fachöffentlichkeit – doch intensiver und schneller dargelegt werden. Das sollte wesentlich intensiver und schneller geschehen.

Drews: Ich darf Sie nur darauf hinweisen, daß schon seit sehr langer Zeit die forschende Pharmaindustrie experimentelle und klinische Befunde über ihre Medikamente selbst publiziert oder daß andere Leute darüber publizieren. Daß also ein großer Teil der Daten, die mit irgendeinem Medikament erarbeitet werden, zu allen Phasen seiner Existenz publiziert werden, zum Teil auch toxikologische Daten. Diese toxikologischen Einzelbefunde bzw. klinischen Einzelbefunde zu publizieren, hat doch nur dann Sinn, wenn man sich auf einer hinreichenden, festen Tatsachengrundlage befindet. Das heißt, wenn man über eine hinreichend große Anzahl von gleichwertigen Beobachtungen, die nach bestimmten Kriterien gemacht worden sind, verfügt. Dann kann man daraus Schlüsse ziehen und diese Schlüsse in einer wissenschaftlich einwandfreien und schlüssigen Weise diskutieren. Aber das ist eben häufig nicht der Fall. Und solche Dinge zu diskutieren, die eigentlich unreif sind, unausgegoren, die vielleicht zu Vermutungen oder vielleicht zu Verdachtsmomenten Anlaß geben könnten, halte ich für außerordentlich unproduktiv. Ganz besonders dann, wenn es sich um eine, durch eine unqualifizierte und zum Teil verantwortungslose Presse verängstigte Öffentlichkeit handelt. Ich finde – und das ist ein Vorwurf an Herrn Moebius –, Sie sollten eigentlich auch versuchen, mitzuhelfen. Ich lasse mir Kritik sehr gern gefallen, und ich glaube, viele Kollegen aus der Pharmaindustrie und aus der chemischen Industrie lassen sich Kritik gefallen. Aber es sollte eine Kritik sein, die auch den Ansatz in sich trägt, wie man es besser machen kann, und die gelegentlich auch den einen oder anderen Vorschlag enthält. Kann man es nicht auch so versuchen? Ich finde, daß sich eine Kritik, die die Dinge nur aus der negativen Perspektive sieht, der Berechtigung begibt, anderen Leuten vorzuwerfen, sie würden nicht über Pannen berichten. Wenn Sie übrigens die pharmakologischen Fachzeitschriften oder die Zeitschrift für Arzneimittelforschung oder ähnliche Organe durchlesen, so werden Sie eine ganze Reihe von Berichten finden, die eigentlich gegen die ursprünglich gehegten Hypothesen und Erwartungen verstoßen.

Kotwas: Herr Drews, damit kommen wir doch genau zur Frage, wie die einzelnen Behörden die Nebenwirkungsmeldung haben wollen. Sie wissen doch, daß das Bundesgesundheitsamt da völlig andere Auffassungen hat als die FDA.

Drews: Deswegen habe ich auch die COMS erwähnt, weil hier zum ersten Mal Ansätze gemacht worden sind, die Bestrebungen zwischen den großen Industrieländern, in denen es auch eine bedeutende pharmazeutische Industrie gibt, zu harmonisieren und ebenso die WHO.

Forth: Herr Moebius, ich bin eigentlich der Meinung, daß wir so eine Einrichtung, wie Sie sie darstellen, brauchen. Es ist wichtig, daß über diese Dinge geredet wird. Wir sollten bloß nicht so tun, als ob mit der Einführung jener Datenbanken das Problem gelöst sei. Ich kann Ihnen sagen, daß mindestens in meinem Vaterland, nämlich in der Bundesrepublik Deutschland, die Instrumentarien, die vorhanden wären, um alle diese Dinge etwas durchsichtig zu machen, absolut nicht genutzt werden. Wir haben drei verschiedene Möglichkeiten der Meldung unerwünschter Wirkung: Das eine ist die Spontanmeldung durch die Ärzteschaft, das wäre also das, was über die Arzneimittel-Kommission läuft. Das zweite ist die Meldung direkt an das Bundesgesundheitsamt und das dritte ist das, was an die Firmen geht.

Glauben Sie, daß eine Rückkopplung zu den drei jetzt genannten Institutionen existiert? Sie existiert nicht. Ich kann Ihnen an einigen Beispielen demonstrieren, daß sich das Bundesgesundheitsamt geweigert hat, den Firmen Einblick in die über ihre Präparate vorgenommenen Meldungen zu geben. Es ist schlicht Schwachsinn. Denn ich bestehe darauf, daß sich die Firma bei Meldeeingang dieser Sache sehr intensiv annimmt. Einige Firmen, Herr Drews, tun das leider nicht. Wir werden nachsehen müssen, ob überhaupt ein ursächlicher Zusammenhang zwischen einer Meldung existiert, oder ob dies nur eine Beobachtung ist. Ich sage Ihnen in der vollen Provokation dessen, was jetzt folgt: Daß nichts leichter ist für einen Arzt, der in der Praxis eine Dummheit gemacht hat, als dies zu kaschieren, indem er einen Zettel ausfüllt und den an Herrn Kimbel schickt. Es kümmert sich überhaupt niemand mehr darum, was da eigentlich vorgegangen ist. Und ich könnte Ihnen bei der langen Diskussion der parenteralen Anwendung von nicht steroidalen Antiphlogistika zeigen, daß dies ein Effekt der schmutzigen Nadeln in alten Arztpraxen ist, aber nicht etwa eine Wirkung, oder nicht primär eine Wirkung jener Stoffe, die, wenn man sie richtig placiert, diese schönen faustgroßen Löcher gar nicht machen ... Ich wäre noch an vielen anderen Beispielen in der Lage, sehr different zu diskutieren. Aber lassen Sie uns doch das, was wir haben, zunächst einmal so nutzen, daß es wirklich der Allgemeinheit zu Diensten kommt. Das heißt: Ich plädiere dringend dafür, daß Arzneimittelzwischenfälle aufgeklärt werden, so weit sie aufgeklärt werden können, damit wir überhaupt so etwas wie eine kausale Beziehung herstellen. Wenn Sie bloß bei den Spikes bleiben, die uns die Spontanmeldungen bringen, dann sage ich Ihnen, sind wir in zwanzig Jahren noch keinen Schritt weiter, als wir jetzt sind.

Moebius: Der Kernpunkt unserer Auseinandersetzung muß es doch sein, daß es im Risikobereich keine Tresorwissenschaft geben darf. Das heißt, eine ungute Erfahrung, die einmal jemand gemacht hat, muß für jedermann zugänglich sein. Es gibt nicht nur die drei von Ihnen genannten Nebenwirkungs-Erfassungssysteme in der Bundesrepublik, wir haben ein viertes, etabliertes, zusammen mit Prof. Schönhöfer. Das funktioniert sehr gut, wir haben in einem Jahr an die tausend Meldungen bekommen, wir sind in der Lage, Frühwarnung zu geben. Uns erreichen die kritischen Berichte der Ärzte meist frühzeitiger, als es das Bundesgesundheitsamt nachher umsetzen kann. Wir genießen eben mehr Vertrauen bei den Anwendern von Arzneimitteln, und ich wende mich entschieden dagegen, daß die pharmazeutische Industrie angeblich keine Risikodurchsicht hat, daß die Risikotransparenz eigentlich nur wenigen Institutionen möglich sei und daß diese Institutionen die Daten vertraulich halten. Ich glaube auch nicht, daß wir uns hier auf die Ebene der Polemik begeben sollen. Wir können ganz nüchtern verlangen, daß das, was im Risikobereich liegt, auch bekannt sein muß – und zwar auch den Ärzten bekannt werden muß. Es gibt eben einen Schwebezustand des begründeten Verdachts, das heißt, wenn ich noch nicht den Nachweis der Schädigung habe. Alle großen Arzneimittelkatastrophen, 24 an der Zahl, glaube ich, – das hat mal der Benning in England untersucht – sind zunächst in Spontanmeldesystemen durch die besondere Aufmerksamkeit von Kollegen entdeckt worden. Nicht die Erstbeobachtung ist der sichere Nachweis einer Schädigung, die erste Beobachtung kann aber Anlaß zum Nachdenken sein, und wir erleben das jetzt gerade mit Aromalon, das ist ein Extrakt aus Rippenknorpel. Da hatten wir zunächst die wenig plausible Berichterstattung einer Dermatomyositis aus dem Raum 67 und jetzt kommt plötzlich ein ähnlicher Fall aus dem Raum 1000. Es sind zwei Fälle, die uns binnen kurzer Zeit gemeldet werden. Es handelt sich um ein immun-allergisches Geschehen, und wir haben noch nicht Gewißheit. Trotzdem sagen wir unseren Ärzten, unseren Lesern: Seid vorsichtig mit Aromalon! Achtet darauf, ob es Muskelschmerzen gibt, ob es Muskelschwäche gibt nach Aromalon, und wenn ihr so etwas gesehen habt, dann berichtet uns das mal. Daß wir auf diese Weise eine Art Ersatzfunktion in der Bundesrepublik angetreten haben, wirft doch eigentlich nur ein Licht auf die Schwäche der bestehenden Institutionen. Warum vertrauen uns denn die Ärzte mehr, als sie den Firmen vertrauen, der Arzneimittel-Kommission vertrauen oder dem Bundesgesundheitsamt vertrauen? Das ist doch eine Frage der Akzeptanz! Wir besitzen die höhere Akzeptanz und nehmen daher auch die Legitimation, über die Risiken zu reden, und zwar sachgerecht zu reden.

Diskussionsleiter: Da gab es im Frühjahr dieses Jahres einen Internistenkongreß in Wiesbaden, wo festgestellt wurde, daß die Meldungen über die Nebenwirkungen bei Medikamenten von zwei Gruppen, von zwei Institutionen und Personengruppen kommen. Das eine sind die Hersteller selber, was eigentlich beweist, daß sie ihrer Aufsichtspflicht doch nachkommen, und zum anderen sind es die Praxisärzte. Hingegen kommen kaum Meldungen von Krankenhausärzten. Wie ist das eigentlich zu erklären?

Drews: Ich kann Ihnen nur sagen, daß sich die nationalen Verhältnisse sehr voneinander unterscheiden. Es gibt zum Beispiel in den USA eine Situation, wo 85 Prozent aller Meldungen, Event-Meldungen, wie man sie nennt, bei denen kausale Beziehungen noch gar nicht nachgewiesen sind, die aber zunächst mal festgehalten werden, über die pharmazeutische Industrie bekannt werden, und zwar der FDA bekannt werden. In England ist das anders. In England gibt es fast dieselbe Zahl oder denselben Anteil der Meldungen, die über die niedergelassenen Ärzte und die Zahl, die durch die pharmazeutischen Firmen bekannt wird, die also den pharmazeutischen Firmen direkt und dann den Behörden berichtet wird, ist viel kleiner. Womit das im einzelnen zusammenhängt, weiß ich nicht, das hat sicher auch nicht nur mit der Stellung der pharmazeutischen Firmen, sondern das hat mit der ganzen Struktur des Gesundheitswesens zu tun. Was ich viel wichtiger finde, ist, daß man überhaupt eine gewisse Vigilanz und eine Aufmerksamkeit für mögliche Arzneimittel-Nebenwirkungen erzeugt, daß man Formen und Spielregeln findet, nach denen man über solche Dinge berichten kann. Und daß die Berichte in einer Form erfolgen und abgegeben werden, daß sie auch interpretierbar und statistisch auswertbar sind. Das ist eben auf weiten Strecken nicht der Fall. Ich will niemanden verdächtigen, aber ich bin nicht sicher, wie viele der eingegangenen Meldungen, vielleicht hochgespielte Meldungen, diesen sehr einfachen Kriterien, die ich eben genannt habe, standhalten. Ich kann immer nur unsere eigene Abteilung für Arzneimittelsicherheit anschauen und bin manchmal erstaunt und auch erschüttert über die ungeheure Zahl von Nachfragen, die von unserer Seite aus erfolgen muß, damit wir wenigstens einen Teil dieser Meldungen so weit substanziieren, daß wir darauf reagieren und irgend etwas damit anfangen können. Vieles ist blanker Unsinn, ist irgendwo aus den Fingern gesogen, entbehrt jeder Substanz. Da gibt es große nationale Unterschiede. Es gibt Ärzte, und es gibt auch Gesellschaften, in denen dieses Berichten von möglichen Nebenwirkungen, der Begleitumstände, der Medikamente, die da eingenommen werden, alle wichtigen anamnestischen und Krankheitsdaten, die zur Interpretation notwendig sind, recht gut erfolgt. Aber in den meisten Fällen ist das eben noch ein sehr trauriges Gebiet.

Teijgeler: In unserem Land ist es heute so, daß die meisten Meldungen über Nebenwirkungen von Ärzten kommen. Von Ärzten aus den Praxen und auch in Spitälern. Das ist eine große Anzahl, und es ist eine schwere Aufgabe, alle diese Meldungen zu evaluieren. Nur für einen Teil machen wir eine Evaluation. Das ist eine schwere Aufgabe. Wir haben auch Kontakte mit der Weltgesundheitsorganisation und auch mit Uppsala und dann können wir sehen, ob diese Meldungen auch in anderen Ländern vorgekommen sind. Aber es ist, würde ich nochmals sagen, eine schwere Aufgabe, dies auf richtige Weise zu evaluieren. Da muß dafür sehr viel Arbeit gemacht werden, und man muß auch die Ergebnisse, die die Ärzte gesehen haben, filtrieren. Das ist sehr wichtig, wenn man etwas machen will. Wir haben in unserem Land heute ein Bulletin, das ist ein Bulletin unseres Büros für Nebenwirkungen. Wir publizieren viermal im Jahr die Nebenwirkungen, die uns neu bekannt geworden sind. Und diese Ergebnisse gehen dann zur Zulassungsbehörde für die Evaluation der Wirksamkeit und Schädlichkeit.

Neumann: Für Österreich ist mir nicht bekannt, wieviel vom praktischen Arzt oder Spitalsarzt gemeldet wird. Das liegt aber natürlich auch daran, daß die Ärztekammer dafür kein Instrument ist, sondern das Instrument ist sicher die Gesundheitsbehörde, an die sich diese entsprechenden Meldungen wenden. Das ist jetzt nicht unfair von mir, aber ich darf den Fall weiterspielen an das Bundesministerium, weil mir die Zahlenverhältnisse untereinander nicht geläufig sein können.

Moebius: Mich erschüttert etwas die Ahnungslosigkeit eines Mitarbeiters der pharmazeutischen Industrie auf dem Gebiet der Risikobeobachtung. Bei der Röteln-Augenerkrankung des Ungeborenen waren es zwei Mütter, die sich in der Praxis eines Augenarztes in Australien über ihre Kinder unterhalten haben, die blind zur Welt kamen, und diese Erkrankung ist über die zwei Mütter, also über zwei Fälle aufgedeckt worden. Auch das Dalcicsyndrom ist über einen Fall, über die Beobachtung eines Augenarztes aufgedeckt worden, der ihn im Lancet, oder BMJ publiziert hat und dann gab es eine Lawine von Meldungen. Das Normutsyndrom, das Cymetidinsyndrom, also Guillain-Barré-Syndrom, ist durch elf Fallmeldungen gesichert worden, das heißt elf Fälle haben ausgereicht, um in Schweden ein Verbot von Normut zu bewirken. Eine sogenannte Contergan-Embryopathie, die ist so spezifisch, daß heute ein, zwei, drei Fälle genügen würden, wenn sie aufträten, um sofort ein solches Teratogen zu identifizieren. Das heißt also, wenn Herr Drews hier eine statistische Absicherung, eine biometrische Absicherung eines Verdachts fordert, dann ist an ihm eigentlich die Erfahrung der letzten Jahre spurlos vorübergegangen, und das erschüttert mich. Dann zur nächsten Frage, weshalb berichten Krankenhausärzte weniger, als niedergelassene Kollegen: Ich glaube, im deutschen Bereich liegt das so ein bißchen an der Krankenhaushierarchie. Wenn der Arzt in der Ausbildung etwas berichten will, dann muß er erst seinen Chef, seinen Oberarzt oder irgendwo eine vorgesetzte Behörde danach fragen, ob er das tun darf. Uns erreichen oft solche Berichte, manchmal sogar von Famuli, erstklassige Berichte, nebenbei gesagt, unter dem Siegel der Verschwiegenheit, daß der Chef nichts davon erfährt. Also hier müßte man ein bißchen was von unserer deutschen Mentalität ändern. Noch steht beispielsweise die Bundesrepublik an 13. Stelle im Weltmaßstab, was die Meldedichte anlangt, sogar Frankreich liegt noch vor uns, die Niederlande liegen selbstverständlich vor uns, die nordischen Staaten sind führend, gefolgt von England und den USA. Das ist einfach eine Frage, wie geht man mit seinen Meldern um. Wenn man ihm natürlich ein Narrenkäppchen aufsetzt, was hier der Herr Drews versucht hat, vielleicht mit dem einen oder anderen, der sich irrt, dann wird der Arzt einmal melden und nicht wieder. Oder wenn ein Arzt meldet, und in seiner Praxis erscheinen vier Abgesandte der Pharmaindustrie und nehmen den Arzt ins Kreuzverhör, solange bis er geständig ist, daß er geirrt hat, – dann wird dieser Arzt nie wieder melden. Wir gehen halt lieb mit unseren Meldern um und dafür haben wir auch eine entsprechende Response.

Drews: Ich möchte auf diese Art von Darstellung nicht mehr eingehen. Ich kann nur sagen, Sie haben vorhin, Herr Moebius, eine sehr profunde wissenschaftliche Bemerkung gemacht und gemeint, die natürliche Heilkraft des menschlichen Organismus beruhe auf seinen überdimensionierten Organen. Ich vermisse bei Ihnen eine normale Dimensionierung Ihrer Kritikfähigkeit und Ihrer guten Manieren, das kann ich noch hinzufügen.

Wilmpflicht (Praktischer Arzt): Herr Moebius, Sie dürfen nicht vergessen, daß diese Medikamente auch vielen Menschen geholfen haben. Ich habe eine große Praxis mit vier Assistenten. Und diese Medikamente, auch das Alival, haben doch vielen Patienten geholfen. Ich glaube, daß so mancher Suicid durch diese Tabletten verhindert wurde. Ein anderer Punkt, der mich sehr beschäftigt, Herr Moebius, — was passiert eigentlich mit den Meldungen, die wir als niedergelassene Ärzte Ihnen bzw. Herrn Schönhöfer übermitteln? Wie werden die eigentlich gewissenhaft geprüft auf Wahrhaftigkeit, auf echte Nebenwirkungen eines Medikamentes? Ich habe ein kurzes Beispiel als Kasuistik. Ein solcher Fall liegt mir vor mit dem Enalapril, wo ich einen vagen Verdacht hatte, dem Klinikarzt das mitteilte, und plötzlich hörte ich hintenrum über die Firma, die sich sehr besorgt zeigte, daß da ein Riesenwirbel gemacht worden war um meine Meldung. Diese Meldung war aber von Herrn Schönhöfer bei mir überhaupt nicht nachgefragt worden. Es konnte, weil ich ihn draußen behandelt habe in der Praxis, Herrn Schönhöfer gar nicht bekannt sein, wieviel von den Medikamenten und wie lange der betroffene Patient das erhalten hatte. Ich habe also etwas Zweifel an der Seriosität der Behandlung unserer Meldung.

Knolle: Ich leite morgen ein Seminar über Arzneimittelregulative und ihre Harmonisierung im deutschsprachigen Raum. Und dazu eine Frage an Herrn Löschnak, die ich vielleicht 'mal dazwischen schieben kann, so daß wir nicht nur einen katastrophenmedizinischen Nachmittag haben. Wie kann man es anstellen, daß man einige Belanglosigkeiten, die gesetzlich festgelegt worden sind und die Unterschiede zwischen den Antragsformalitäten in Deutschland und Österreich betreffen, dem Ministerium bekanntmachen kann, damit die allfällig geändert werden können. Es macht nämlich bei kleineren Firmen eine enormen Aufwand, wenn die zum Beispiel für ein einziges Präparat verschiedene Sortimente von Packmaterial lagern müssen, nur weil die Reihenfolge der Indikationen und Nebenwirkungen in den einzelnen Ländern unterschiedlich ist. Das ist ein Unfug, der eigentlich nicht nötig ist.

Spanninger (Sozialministerium): Was die Formulare anbelangt, sind sämtliche Bestimmungen des AMG mit den Interessenvertretungen vorverhandelt und dann im Parlament anschließend beraten worden und haben zu einem einstimmigen Beschluß geführt. Sämtliche Interessenvertretungen waren aufgerufen, ihre Argumente vorzubringen. Ich werde sie dem Minister bei der nächsten Aussprache noch einmal vortragen. Nur bitte, es ist diesbezüglich alles erörtert worden. Das ist keine neue Problematik. Bitte auch zu verstehen, daß letztendlich auch dort eine Entscheidung gefällt wurde, wo offensichtlich bei einer Problematik nicht der notwendige Nachdruck gesetzt worden ist.

Knolle: Es geht hauptsächlich darum, daß man weiß, wohin man die Fragestellung, die Probleme senden kann, damit diese bei einer nächsten Überarbeitung mitberücksichtigt werden können. Aus der Praxis kommen ja manchmal Probleme, die Verbandsvertreter gar nicht kennen.

Spanninger: Für die pharmazeutische Industrie ist es durchaus üblich, daß sie über die Bundeswirtschaftskammer diese Probleme heranträgt und diese dann den ganzen Fragenkatalog bei der Besprechung der einzelnen Punkte vorbringt.

Knolle: Eine weitere Anmerkung, die nichts mit Herrn Löschnak zu tun hat: Die Frage, weshalb vielleicht die Nebenwirkungs-Meldungshäufigkeit in Deutschland so schlecht ist, hat etwas mit dem Umgang zu tun, wie er zumindest von kleinen Firmen mit Ärzten oder Wissenschaftlern gepflogen wird, wenn die sich über Nebenwirkungen irgendwo äußern. Da wird nämlich zum Teil eine Gesetzesmaschine in Bewegung gesetzt, die praktisch nichts weiter tut, als zu intimidieren, abzuschrecken und zu verstimmen. Ich kann Ihnen ein paar Beispiele nennen: Da schreibt zum Beispiel ein Professor über Nebenwirkungsmeldungen, die seine Kollegen herausgefunden hatten und bekommt einen Brief von der Firma mit der Aufforderung, eine förmliche Richtigstellung in einer der nächsten Ausgaben zu bringen, andernfalls würden juristische Maßnahmen eingeleitet. Juristische Maßnahmen in Deutschland, falls Sie das hier in Österreich nicht kennen, bedeuten Abmahnung dieser Kosten bei enormen Gebühren für die Anwälte und gefolgt von einer einstweiligen Verfügung, die noch ein Mehrfaches kostet. Ein Professor in München mußte ein Vierteljahressalär aufbringen, nur um sich zu verteidigen. Ein anderer Arzt bekam von einer Firma einen Widerruf über eine Nebenwirkung in die Feder diktiert, über etwas ganz Banales, aber er mußte immerhin schreiben: „Berichtige ich insofern, als ich das Mittel nicht nach Gebrauchsinformation eingenommen habe und so die wehenartigen Krämpfe selbst verschuldet habe.“ Das ist natürlich nicht richtig. In einem anderen Fall bekam ein kritischer Beobachter die Narrenkappe über den Kopf gestülpt. Und zwar galten seine vergleichenden Betrachtungen zur Wirtschaftlichkeit von Verordnungen nicht mehr als eine Mitteilung an seine Kollegen, sondern als ein „wettbewerbswidriges Verhalten mit grober Herabsetzung“ etc. – und er wurde deshalb vor den Kadi geschleppt. Ich möchte daher den Pharmaverband in Deutschland auffordern, solche Dinge in einer anderen Art und Weise aufzugreifen. Es ist doch möglich, daß man solche Dinge zum Beispiel mit einer Schiedskommission regelt, die diese Meinungsunterschiede ausgleicht, ohne daß man in diese riesigen, kostenträchtigen Gerichtsverfahren einmündet, die doch keinem etwas nützen.

Mönch (München): Es würde mich wirklich interessieren, wie die Ärzte diese Bedenken formuliert haben. Ich bin Krankenhausapothekerin, und es ist bei uns üblich, daß die Ärzte, wenn es auch wenige sind, über die Apotheke an die Arzneimittelkommission der Deutschen Ärzteschaft gehen. Das ist ein Formblatt, da müssen sie auch nichts beweisen, sondern Bedenken bekanntgeben und möglichst die Umstände. Dieses Blatt geht an die Ärztekommission und geht selbstverständlich fairerweise auch an die Firmen, da werden die Ärzte in keiner Weise behelligt oder bedrängt oder sonstiges.

Knolle: Das ist ja gerade der Grund, weshalb das Bundesgesundheitsamt Meldungen geheimhält, das ist Datenschutz, damit die Melder nicht bekannt werden. Diese Mitteilungen, von denen ich sprach, sind natürlich alle publiziert worden. Es geht um Publikationen.

Diskussionsleiter: Ich habe eine Wortmeldung zum Stichwort „Forschung – zukünftige Probleme – Standorte der Industrie“ von Prof. Kunze.

Kunze: Nachdem also hier die längste Zeit über ein epidemiologisches Problem geredet wurde, über die Nebenwirkungen – denn das ist ein epidemiologisch zu lösendes Problem –, darf ich als Epidemiologe versuchen, ein bißchen zum Generalthema zurückzufinden: „Wo steht die Pharmaindustrie, wo soll sie hingehen“? Für mich als Sozialmediziner ist das relativ einfach, dorthin, wohin sie die Epidemiologie führt. Zwei Beispiele: Aids nimmt zu in Österreich. Es wird aber nach heutigem Stand des Wissens niemals soviel Aids-Tote geben, wie wir an Herzinfarkt jedes Jahr verlieren. Beim Herzinfarkt können wir etwas tun, wir können intervenieren, und zwar medikamentös und nicht medikamentös. Und die Epidemiologie ist außerdem die Evaluation dessen, was die Pharmaindustrie treibt, inklusive der Nebenwirkungen. Also ich sehe bei der Standortbestimmung ein Maßband, wenn Sie wollen, das ist die Epidemiologie. Vielleicht ist es mir gelungen, ein bißchen zum Generalthema zurückzuführen.

Drews: Ich möchte ganz kurz nur auf das Stichwort „Epidemiologie“ in einem etwas veränderten Zusammenhang zurückkommen. Ich finde, daß die Epidemiologie, eine der wichtigsten Hilfswissenschaften für die pharmazeutische Forschung ist, und ich weise bei uns und in anderen pharmazeutischen Forschungen immer wieder darauf hin, daß gerade für die Definition von medizinischen Bedürfnissen die Epidemiologie eine Schlüsselrolle spielt, nicht die Marktforschung. Die Marktforschung hat immer eine inhärente historische Qualität. Und ich kenne sehr wenig Marktforscher, die wirklich imstande sind, epidemiologisch zu denken und die medizinischen Bedürfnisse aus medizinisch-epidemiologischer Sicht zu ermitteln. Die Epidemiologie kann uns sehr gut sagen, wie häufig eine Krankheit vorkommt, in welchen Bevölkerungsgruppen in welchen Teilen der Welt, ob sie zunimmt oder abnimmt, wie sich die einzelnen Gruppen verhalten usw. Wenn wir dazu noch die klinische Medizin als ein Maß für das Ausmaß der Krankheit, als ein Maß für das individuelle Schicksal zugrunde legen, dann haben wir eigentlich zwei sehr wichtige Elemente, die uns erlauben, den Begriff des medizinischen Bedürfnisses oder des therapeutischen Bedürfnisses in einer bestimmten Indikation, in einer Gesellschaft, fast quantitativ zu definieren. Ich bin immer auf der Suche nach Epidemiologen.

Diskussionsleiter: Herr Professor, Sie gaben mir da ein Stichwort, nämlich das der quantitativen Bewertung. Hier scheint mir gleich ein zentrales Problem bei der Vermittlung solcher Schwierigkeiten zu liegen. Denn so schrecklich hier der einzelne Fall ist – und da schlägt mein Herz als Journalist, das gebe ich gerne zu, mit Dr. Moebius – so wichtig ist es doch, immer die Relationen herzustellen. Ich entnehme etwa einer Unterlage der Apothekerkammer aus Österreich, daß das Risiko, an einem Arzneimittelzwischenfall in Österreich zu sterben, 1 zu 5 Millionen ist. Inwieweit, Dr. Moebius akzeptieren Sie diese Relation? Ich weiß schon, daß wir da in eine ganz gefährliche Gasse, nämlich die der Wahrscheinlichkeitsrechnung kommen und die ist für den Durchschnittskonsumenten nur schwer faßbar. Aber man muß trotzdem den Versuch machen, zu quantifizieren, weil man sonst auch nicht relativieren kann. Akzeptieren Sie derartige Rechnungen, oder stellen Sie sie in Frage, Dr. Moebius?

Moebius: Ja, das ist eine ganz gute Frage. Man kann also ein Arzneimittel immer nur als Einzelfall beurteilen unter Abwägung von Nutzen und Risiko, und wenn ich so eine Zahl höre, die Chance in Österreich ist 1 zu 5 Millionen, dann glaube ich, liegt doch eine ziemlich große Dunkelziffer dahinter. Wir wissen vom sensibelsten Meldesystem in Schweden, daß etwa jede dritte unerwünschte Wirkung erkannt werden kann. Von weniger sensiblen Systemen in England wissen wir, daß ungefähr ein Ereignis von zehn Ereignissen erfaßt wird. Und in den deutschsprachigen Bereichen ist die Dunkelziffer weitaus größer. Wenn es nun ein sehr wichtiges Medikament ist, beispielsweise ein Antibiotikum, dann wird man natürlich unter Umständen auch schwerwiegende unerwünschte Nebenwirkungen im Prozentbereich akzeptieren. Die kriegt man aber eigentlich nur aus der kontrollierten Anwendung. Die kriegt man nicht aus diesen spontanen Überwachungssystemen, so wie wir das auch betreiben, das sind reine Signalgeneratoren und diese können schließlich, glaube ich, keine Kausalität, keinen Zusammenhang zwischen Ursache und Wirkung beweisen. Sie können aber einen Verdacht signalisieren, und in dem Sinne will ich auch gerne die Frage des Kollegen beantworten, der gefragt hat, was macht Ihr eigentlich mit den Meldungen, die Ihr bekommt. Zunächst einmal werden die in ein Computersystem eingespeichert und mit einer besonderen Codiersprache untersucht, mit COSTART Herz, das heißt also, die unerwünschte Wirkung wird in bestimmte Organbereiche, in bestimmte Krankheitseigenschaften zergliedert und dann über einen neuen Suchlauf des Computers können wir neue Krankheitsbilder herausfinden. Wir machen demnächst ein Symposion in Berlin, in unserem Arzneimittelinstitut, wo wir gerne zeigen, wie weit diese Technik schon perfektioniert ist. Also kurzum, eine Schwalbe macht noch keinen Sommer und wir bekommen natürlich auch Meldungen, gebe ich gerne zu, die sind prima bis zum Müll. Nur, ich akzeptiere diese Meldung und muß mich unter Umständen nach einer ganzen Weile korrigieren. Ich entsinne mich, mir hat mein Kollege mitgeteilt, vor Jahren, daß er nach Aspirin Angina Pectoris-Beschwerden gesehen hat, und das habe ich auch für Quatsch gehalten, bis ich es eines Tages von anderen Kollegen auch mitgeteilt bekommen habe. Da ist es eben ganz wesentlich, daß man den Originalton des Melders im Computersystem ohne Codiersprache zurückbehält und nach langer, langer Zeit kann es sein, daß ein zweiter ähnlicher Fall berichtet wird, und dann fällt es einem wie Schuppen von den Augen. So ähnlich war jetzt auch die Situation vor kurzem bei Idol, diesem Diuretikum von Zyma und Bayer. Da war zunächst ein Kollege in Siegen, der hatte das in seiner Klientel beobachtet, sogar in zwölf Fällen. Der hat es aber nicht zu publizieren gewagt, und der hat es auch zunächst der Firma gemeldet und hat es dann wieder zurückgenommen. Inzwischen hatten andere Kollegen in Mannheim eine ähnliche Beobachtung gemacht, aber nur in drei Fällen, die sind aber hart geblieben mit ihren drei Fällen, und die haben sich an die Firma gewandt. Als dann durch einen Zufall das Essener Krankenhaus von Prof. Bock davon erfuhr, da haben die plötzlich ihr Krankengut analysiert und haben ein ganzes Dutzend ähnlicher Fälle zusammenbekommen. Es braucht manchmal seine Zeit, um einen solchen Verdacht zu erhärten. Also Sie dürfen sicher sein, daß wir nicht leichtsinnig mit diesen Meldungen umgehen, und wir haben größte Skrupel, damit an die Öffentlichkeit zu gehen. Wir haben sehr viel mehr in den Files, als wir veröffentlichen.

Kraupp: Ich meine, die Nebenwirkungsquote hängt doch von der Kenntnis und der Verschreibungsart der Ärzte ab. Und außerdem von der Rezeptpflicht. Die österreichische Rezeptpflicht ist wesentlich stärker als die bundesdeutsche Rezeptpflicht. Zum Beispiel so ein Stoff wie Metamezol war bei uns immer unter Rezeptpflicht. Und daher ist auch eine wesentlich kontrollierte Anwendung entstanden. Ich muß nur an die Contergan-Sache erinnern, wo in Österreich nur zwei Fälle eintraten und die waren an der deutschen Grenze. Obwohl das Mittel hier ebenfalls im Handel war. Ich darf auch an das Alival erinnern, wir haben das sehr genau überprüft. Es ist nur ein fraglicher Fall hier in Österreich gewesen, obwohl der Umsatz sehr groß war. Und heute bedauern die Leute, daß es weg ist. Es hängt nicht von den Arzneimitteln ab, sondern es hängt vor allem von der Kontrolle, von der Verschreibung und Indikation der Ärzte ab. Und auch von einer entsprechenden Rezeptpflicht, die bei uns sehr streng ist, und aus diesem Grund habe ich das Gefühl, ist auch bei uns die Nebenwirkungsquote eben deutlich niederer. Wir sind all diesen Sachen nachgegangen. Auch bei Metamezol zum Beispiel sind hier in der letzten Zeit überhaupt keine Knochenmarkschädigungen bekannt geworden, obwohl wir das ganz genau überprüft haben. Und daher möchte ich schon sagen, daß bei uns zweifellos die Nebenwirkungsquote nicht sehr hoch ist. Wenn man liest, was zum Beispiel in der Sportmedizin in Deutschland den Leuten verschrieben wird, welche Unmassen an Medikamenten, dann muß ich sagen, daß wir uns hier doch angenehm unterscheiden.

Diskussionsleiter: Liegen hier nicht auch Unterschiede der ökonomischen Situation vor? Gerade in der Bundesrepublik ist ja der Verdrängungswettbewerb unter den Apotheken ein sehr viel größerer. Wenn ich da etwa an die Polemiken zwischen Pharmaindustrie einerseits und Apothekerverband andererseits denke, die es in dieser Form bei uns gar nicht gibt, so wäre das schon ein Indiz dafür.

Kraupp: Ja, es ist verschieden. Die Ärzteschaft wird ja von uns an den Hochschulen sehr gedrillt, zweckmäßig zu verschreiben. Es ist auch eine gewisse Kontrolle bei uns durch den Hauptverband gegeben, denn von den siebentausend Arzneimitteln bei uns sind praktisch nur etwas über zweitausend überhaupt auf Kassen verschreibbar. Das ist also in Deutschland nicht der Fall. Das heißt, daß hier schon eine gewisse Auswahl getroffen wird und daß hier schon eine gewisse Restriktion im ganzen Verschreibungssystem da ist. Gerade beim Contergan hat sich herausgestellt, daß unsere Ärzte einer Schwangeren fast überhaupt nichts verschreiben, und das ist ein sehr wesentlicher Vorteil gewesen.

Knolle: Wir haben zusammen mit einer Gruppe in Wiesbaden eine Initiative aufgegriffen, die sowohl Firmen, als auch öffentlichen Krankenkassen und Ärzten von Nutzen ist. Leitgedanke war, Ärzten behilflich zu sein, bei Marketingaspekten ihre Tätigkeit zu erweitern, ohne anderen Kollegen etwas wegzunehmen. Und dabei sind wir daraufgekommen, daß der Arzt im

Prinzip nicht nur ein Arzt für den Kranken sein sollte, sondern auch Arzt für Gesunde. Das ist ein Gebiet der Beratung des Gesunden, der Beratung bei der Prophylaxe, die bisher von Quacksalbern, Heilpraktikern und anderen besetzt ist. Nicht aber von Medizinern. Und Mediziner sind Kraft ihrer Ausbildung ausgezeichnet geeignet, auch bereits den Gesunden behilflich zu sein und dies systematisch zu fördern. Dieses ist ein Aspekt, der neu ist, der mit verschiedenen Firmen angefangen worden ist. Und ich wollte fragen, ob sowas in Österreich auch Gedankengänge sind, die man unterhält.

Neumann: Ich möchte zu Beginn sagen, daß ich schon weiß, heute mit meinem Thema auf der falschen Kirchweih zu sein und habe mich deswegen auch nicht bewußt massiv gemeldet. Bei der Diskussion Moebius und den anderen Herren ist mir halt aufgefallen, daß mir ein Begriff fehlt, die Möglichkeit der Falsifikation, der Selbstheilungstendenz. Wir wissen alle, daß der Wirkungsverlust oder der Wirkungsfehlgang bei Medikamenten leicht aufzuzeigen ist, der Wirkungsfehlgang bei der Selbstheilungstendenz endet halt leider letal. Insofern würde ich die Selbstheilungstendenz nicht als Parameter heranziehen. Aber zur konkreten Frage: Wir versuchen ebenfalls in Richtung Gesundheitserziehung – Gesundheitsvorsorge in der Ausbildung der Ärzteschaft etwas mehr zu machen. Nicht nur aus marktwissenschaftlichen Prinzipien, weil der andere medizinische Markt weithin ausgereizt ist, wenn ich das mal so brutal formulieren darf, sondern einfach deswegen, weil in der Bevölkerung einiges verlorengegangen ist, was wieder zurückzugewinnen ist, wo wir im Vorfeld der Medizin, die wir kennen, einen großen Verlust über die Generationen erlitten haben. Wir arbeiten ebenfalls an solchen Modellen von Berufsbildern und halten sie für sehr wichtig.

Diskussionsleiter: Ich bedanke mich wirklich sehr herzlich für Ihre Mitarbeit, die diesen Nachmittag spannend gestaltet hat.

Arzt und Arzneimittelhersteller: Was beide voneinander erwarten können

W. Forth

Das Verhältnis von Arzt und Arzneimittelhersteller läßt sich am besten verstehen, wenn man davon ausgeht, daß beide Geschäftspartner sind: Der Arzt ist ohne die Hersteller zuverlässig wirksamer, möglichst nebenwirkungsarmer Arzneimittel gleichbleibender Qualität nicht in der Lage, sein Tagewerk zu verrichten, und umgekehrt ist der Produzent auf die sachverständige Vermittlung der Anwendung hochwirksamer Arzneistoffe durch den Arzt angewiesen. Eine Ausnahme macht der Bereich nicht verschreibungspflichtiger Arzneistoffe, der, wenn meine Einschätzung der Lage zutrifft, in Zukunft an Bedeutung gewinnen wird. Diese nüchterne Analyse der Rollen, welche die einzelnen Beteiligten am Arzneimittelmarkt spielen, ist für viele Diskussionen recht hilfreich. Sie zeigt, wenigstens in groben Zügen, was die Partner in ihrem Rollenspiel voneinander erwarten können; überdies werden Schwachstellen des Systems sichtbar. Schließlich wollen wir auch noch erörtern, was die Partner nicht voneinander erwarten können.

Die Ärzte

In der westlichen, marktorientierten Welt sind die Ärzte daran gewöhnt, daß Arzneimittelproduzenten Spitzenprodukte des vernünftigen wissenschaftlichen Fortschritts zu jeder Zeit, an jedem Ort, zuverlässig wirksam, nach einer Phase der Einführung in ihrem Potential an unerwünschten Wirkungen überschaubar und bei immer gleichbleibender Qualität zur Verfügung zu halten. Das ist kein geringer Anspruch, wie jeder weiß, der mit der Entwicklung, der Produktion und dem Vertrieb von Arzneistoffen vertraut ist. Der Arzt ist nur zum geringsten Teil der Endverbraucher von Arzneistoffen. Er ist aber, was den Markt angeht, gewissermaßen in der Funktion des Endverbrauchers: Sein Votum ist entscheidend dafür, welcher Arzneistoff und wieviel von diesem angewandt und verbraucht wird. Diese Überlegung ist dem Arzneimittelhersteller wohlvertraut, denn hier setzt er mit den Methoden der Werbung an, um den Absatz seiner Produktion zu vermehren. Die Sachverständigen in den arzneimittelherstellenden Betrieben, die Chemiker, Apotheker und Ärzte, würden lieber auf die Qualität ihrer Produkte und auf die wissenschaftlich erwiesene Wirksamkeit und Überlegenheit gegenüber Konkurrenzprodukten setzen, ziehen aber immer wieder den kürzeren, wenn ihnen die Werbeabteilungen mit Hilfe der Umsatzzahlen belegen, mit wie einfachen Methoden auch die Ware Arzneimittel an den Arzt bzw. die Ärztin gebracht werden kann. Daran könnte sich in Zukunft einiges ändern; wir wünschen es uns jedenfalls.

Nicht etwa, daß die den Markt beeinflussende Rolle des Arztes bei der Auswahl von Arzneistoffen in Frage gestellt würde. Die Art und Weise, wie der Einfluß der Produzenten auf die Ärzte ausgeübt wird, könnte sich verändern. Da steht uns die Flut von Akademikern ins Haus, die sinnvolle Arbeit verrichten möchten. Wenn ich wieder für den Arzt und Apotheker als Pharmareferenten plädiere, formuliere ich nur, was die übergroße Zahl meiner Kollegen vermißt: den sachverständigen Gesprächspartner, der über die Ausrichtung auf die Produktpalette hinausblickt. Was der Arzt vom Hersteller nämlich außerdem erwarten darf, ist nicht nur das bewährte Produkt, sondern auch die Information darüber, wie er seinen Auftrag, zu behandeln, Beschwerden zu lindern oder, ganz selten, Krankheiten zu heilen, am besten erfüllen kann. Das hängt sicher nicht zuletzt mit einer umfassenden Produktinformation zusammen, bleibt aber, wie man leicht einsieht, wenn man etwas eingehender über diesen Teil der Leistung nachdenkt, dabei nicht stehen. Kluge Informationsabteilungen der Arzneimittelhersteller haben das schon seit einiger Zeit erkannt und bieten deshalb eine besondere, nur noch in loser, wenn überhaupt noch erkennbarer Form mit der eigenen Produktpalette verbundene Wissensvermittlung als Service an. Ich könnte mir vorstellen, daß diese Art der Leistungen in den nächsten Jahren verfeinert und ganz erheblich ausgeweitet werden wird. Es wird sich zeigen, wieviel den Ärzten diese Leistungen wert sind.

Es kann natürlich nicht verkannt werden, daß sich zunehmend auch andere Institutionen anheischig machen, diese Aufgabe der Informationsvermittlung für den Arzt zu bewältigen. Dabei ist aber nicht zu vergessen, daß hier ebenfalls Eigennutz im Spiel ist. Denken wir nur an die Krankenkassen, die bislang allerdings außer Negativ- und Positivlisten zur Diskussion um die Ökonomisierung der Behandlung nicht viel beigetragen haben. Ich möchte nicht verhehlen, daß ich gerade diesen Beitrag unter den verschiedenen Methoden, mit denen Wissensvermittlung zur Beeinflussung des ärztlichen Verhaltens angewandt werden kann, für nicht sonderlich gelungen halte, ganz einfach deshalb, weil er die Individualität der ärztlichen Aufgabe, einen Patienten und nicht eine Krankheit zu behandeln, souverän außer acht läßt. Ideal wäre für mich eine Institution der Ärzteschaft, die Wertungen über Therapiemaßnahmen in eigener Verantwortung vornimmt. Die Rechtsform könnte eine Stiftung sein, welche von denjenigen, die Arzneimittel erzeugen und ausbieten, die sie registrieren und schließlich auch anwenden, getragen werden könnte. Neu ist dieser Vorschlag beileibe nicht, aber aktuell ist er immer noch, vor allem dann, wenn man die Armseligkeit bedenkt, die alle Versuche auszeichnet, welche bisher in Mitteleuropa zur Bewertung ärztlicher Maßnahmen unternommen worden sind. In diesem Zusammenhang darf noch einmal ausführlich darauf verwiesen werden, daß der Arzt in allen Bereichen zu einer möglichst ökonomischen Handhabung seines Berufes angehalten ist. Privatpatienten achten im allgemeinen von selbst darauf. Pflichtversicherte haben in ihren Krankenkassen die Anwälte dafür. Jeder Rat, jede Information, die darauf keine Rücksicht nimmt, wird über kurz oder lang als für den Arzt nachteilig entlarvt werden und auf ihre Urheber zurückfallen.

Es gibt übrigens ein Problem, das mit marktwirtschaftlichen Methoden im Verhältnis von Arzneimittelhersteller und Arzt bisher nicht bewältigt werden konnte, nämlich die Produktion eines Arzneimittels, dessen ärztlicher Wert zwar außer Frage steht, für das aber kein nennenswerter Markt vorhanden ist. Hier sehe ich für die Zukunft deshalb besondere Schwierigkeiten voraus, weil bei enger werdenden Ressourcen die Preise für derartige Arzneimittel drastisch steigen könnten. Bislang haben weitblickende Hersteller hier mehr oder weniger eine ethische Verpflichtung gesehen, die sich natürlich auch zur Imagepflege verwerten ließ. Hoffen wir, daß es so bleibt, denn die Alternativen zur Bewältigung dieses Problemes wäre für das, was wir die Marktwirtschaft nennen, kein Ruhmesblatt.

Die Hersteller

Ist der Anspruch, den die Ärzte an die Arzneimittelhersteller formulieren, nicht gerade gering, so ist umgekehrt das, was die Hersteller von den Ärzten erwarten, auch nicht wenig anspruchsvoll: Der Hersteller hat ein Recht darauf, daß sein Produkt intelligent angewendet wird, und das heißt, nicht nur dem Wortlaut des Beipackzettels nach, sondern darüber hinaus unter sachverständiger Kontrolle der Wirkung und mit begleitender Betreuung des Patienten, mit dem Ziel, die erwünschte Wirkung sicherzustellen und die Sicherheit im Umgang mit seinem Produkt zu optimieren. Dies ist eigentlich nicht viel mehr als die Erwartung, daß der Arzt das, was er als Handwerk zu beherrschen gelernt haben sollte, dann auch im Einzelfall anwendet: nämlich, die Kenntnisse der Pharmakokinetik und der Pharmakodynamik eines Arzneimittels im individuellen Fall sachgerecht voll auszuschöpfen. Dem einen oder anderen mag diese Forderung trivial klingen. Wir sind aber von ihrer Erfüllung oftmals weit entfernt. Das lehrt nicht nur die

Aufarbeitung der hin und wieder zu bewältigenden Arzneimittelzwischenfälle. Die dabei zutage tretenden Versäumnisse, vor allem bei der Dokumentation des Behandlungsverlaufes, sind zum Teil erschütternd. Das ist nicht weiter verwunderlich, wenn man den Ausbildungsstand betrachtet, mit dem Ärzte und Ärztinnen nach den Unterweisungen in Pharmakologie und Pharmakotherapie ihre Universitätsstudien beenden. Danach wird der Hauptteil der Unterweisung in diesen Wissensdisziplinen im Rahmen der allgemeinen Fortbildung ganz wesentlich durch die Arzneimittelhersteller mit bestimmt. Das ist aber offensichtlich nicht genug, und ich bleibe bei meiner Meinung, daß auch die Hersteller von Arzneistoffen sich in die Reihe derjenigen eingliedern sollten, die vom Gesetzgeber nachdrücklich die Verankerung einer systematischen Lehre der Therapie in der Ausbildung fordern – in der Bundesrepublik seit den siebziger Jahren, seitdem die sogenannte neue Approbationsordnung datiert, übrigens ziemlich erfolglos. Es ist nicht einmal gelungen, das Fach Klinische Pharmakologie allenthalben zu etablieren, wenn auch nicht übersehen werden darf, daß pharmakologisch vorgebildete Ärzte zunehmend Eingang in unsere Kliniken finden. Ohne klinische Pharmakologie ist ein entsprechender Unterricht an unseren Fakultäten nicht möglich. Was, so darf man fragen, nützen Ärzte, die für die Therapie und den Umgang mit Pharmaka so vergleichsweise schlecht vorgebildet sind? Für den Umgang mit dem Messer oder dem Strahl in der Therapie müssen sie wenigstens fünf Jahre intensiver Ausbildung verwenden. Mit Chemikalien darf offensichtlich jeder Arzt nach der Approbation Patienten behandeln, dabei hat er außer zwei bis drei Semestern Pharmakologie keine nennenswerte Vorbildung erhalten, jedenfalls keine systematische Unterweisung in der rationalen Pharmakotherapie. Man darf auch die Frage aufwerfen, in welchem Verhältnis der Aufwand für Forschung und Entwicklung von Medikamenten zu sehen ist, wenn die sachgemäße Anwendung von Arzneistoffen während der Ausbildung vergleichsweise so wenig beachtet wird. Man kann die Frage auch anders formulieren, nämlich: Welchen Anteil haben die im Umgang mit Arzneistoffen nicht eben versicherten Ärzte am Fehlschlag so mancher vielversprechender Entwicklungen des letzten Jahrzehnts?

Der Hersteller darf übrigens seinerseits einen Informationsaustausch mit dem Arzt erwarten. Das funktioniert, soweit es die Kliniken angeht, schon fast ein Jahrhundert lang recht gut. Dieser Austausch von Informationen stellt eine wichtige Quelle zur Erkennung therapeutischer Probleme, für die Entwicklung neuer Arzneistoffe bzw. die Entwicklung neuer Indikationen bekannter Wirkstoffe dar. Aber auch die Information über unerwünschte Wirkungen von Arzneistoffen darf hier ihrem Wert nach nicht verkannt werden. Je rascher dieser Informationsaustausch funktioniert, desto schneller können adäquate Maßnahmen getroffen werden, die in der Zukunft vor allem darin bestehen werden, bestimmte Risikogruppen rechtzeitig zu erkennen. Die Hersteller haben schon ein Recht darauf, wenigstens so rasch über unerwünschte Wirkungen informiert zu werden wie die aufsichtführenden Behörden. Die Rolle des Arztes mag dabei nicht immer ganz einfach sein. Trotzdem läßt sie sich bei nüchterner Überlegung recht gut beschreiben. Sicherlich ist der Arzt – und nicht in letzter Linie – dem Wohle seines Patienten verpflichtet. In diesem Zusammenhang können Fragen der Gewährleistung eine Rolle spielen, die aber niemals die zweite Aufgabe des Arztes unmöglich machen dürfen, nämlich diejenige, dem wissenschaftlichen Fortschritt zu dienen. Nur wenn der Informationsfluß vernünftig geschlossen werden kann, ist das Optimum für die individuelle Behandlung des Patienten und für den wissenschaftlichen Fortschritt, die selbstverständlich einander bedingen, überhaupt zu erreichen.

Was die Partner nicht voneinander erwarten können

Bei der Arbeitsteilung liegt es auf der Hand, wie die Kooperation abläuft, und vor allem, wo sie ihre Grenzen hat. So wird kein vernünftig denkender Arzt erwarten, daß eine leistungsfähige, moderne Arzneiversorgung gewissermaßen zum Nulltarif zu haben sein könne. Das von manchem Politiker ziemlich leichtfertig vom Zaun gebrochene Gerede von der Flut der Arzneimittel ist dringlich auf seinen Kern zu überprüfen. Ein marktwirtschaftliches System funktioniert dann, wenn die Verbraucher aus einem adäquaten Angebot vernünftig auswählen können. Wenn, was wahrscheinlich zutrifft, zu viele Arzneimittel konsumiert werden, dann liegt das nicht nur am Angebot. Durch die Modalitäten des Arzneimittelgesetzes sind die registrierenden Behörden in die Lage versetzt, nicht wirksame Arzneimittel oder Arzneistoffe mit unannehmbarem Risiko vom Markt fernzuhalten. Überdies ist das System so verbraucherfreundlich konzipiert wie kein anderes: Dem Verbraucher ist der Arzt als sachkundiger Berater zur Seite gestellt. Allerdings bezweifeln wir ja, daß der Berater seine Funktion sachkundig genug wahrnimmt; das ist aber dann ein anderes Problem.

Es hapert vor allem bei der Bewertung von Therapiemaßnahmen durch den Arzt selbst. Auf der einen Seite ist die dafür eigentlich zuständige Arzneimittelkommission der deutschen Ärzteschaft, aus welchen Gründen auch immer, dieser Aufgabe nur unzureichend gerecht geworden; die amerikanischen Ärzte sind mit der „Drug Evaluation", die sie in dreijährigen Abständen in eigener Verantwortung publizieren, viel weniger zimperlich. Auf der anderen Seite fehlt unseren Ärzten so etwas wie eine kooperative Disziplin, die sich vor allem der Grenzen der eigenen Kompetenz bewußt ist. Unter der Fahne der Therapiefreiheit wird oft Ignoranz mit Zähnen und Klauen verteidigt, wo doch so nahe läge, bestimmte Fragen der Therapie zur Bewertung den Sachverständigen unter den Ärzten zu überlassen. Statt auf diese Weise eine vernünftige Arbeitsteilung zu gewährleisten, wie sie bei unseren angelsächsischen Kollegen lautlos und vorbildlich gehandhabt wird, liefern wir uns Grabenkämpfchen mit allen Raffinessen; zugegebenermaßen oft auch deshalb, weil die Sachverständigen ihre Kompetenzen zu überschreiten belieben. Dabei wäre es so einfach, das Gespräch wissenschaftlich zu orientieren, das, was als gesichert gelten kann, im Konsens zu deklarieren und das, was offenbleiben muß, im Dissens offenzulegen.

Mahnende Worte sind aber auch an die Adresse der Hersteller zu richten. Es grenzt schon an Einfalt zu glauben, der Arzt könne, weil er die „forschende Industrie" gewissermaßen stützen müsse, seinen Auftrag, mit öffentlichen Mitteln ökonomisch umzugehen, hintanstellen, oder die Spielchen der Diffamierung von Generica-Herstellern mitzumachen. Dies alles ist wider den Geist des Systems, für das ich keinen besseren Ersatz kenne. Allerdings weiß ich, daß man Gewinn auch in planwirtschaftlichen Systemen machen kann, wenn man nur die Steuerungselemente derartiger Systeme beherrscht. Die kluge, weitschauende Firmenpolitik kann nur in qualitativ hochstehenden Produkten und in der Zuverlässigkeit der Information bestehen: Jeder vernünftige Arzt wird diese Leistungen zu schätzen wissen und, solange sie erbracht werden, diesen Produkten die Treue halten. Selbstverständlich kann keiner auf allen Gebieten gleich gut sein, und – das verbraucherfreundliche System der Marktwirtschaft bringt es mit sich – Konkurrenz bedeutet, daß das Bessere des Guten Feind ist. Wer daraus die Konsequenzen zieht, ist vernünftig. Das Gute und allemal das Bessere haben ihren Preis, der auch in einer sozialen Marktwirtschaft wohl zu allerletzt in einer konzertierten Aktion festgelegt wird. Jedenfalls ist dies in meinen Augen die letzte Instanz, in der die Schulaufgaben erledigt werden müssen, für deren Nichterledigung schon ganze Generationen von Sozialpolitikern, wenigstens in der Bundesrepublik, Nachsitzen verdient hätten.

Gesunde Geschäfte mit bitteren Pillen

Über den Glaubwürdigkeitsverlust der Pharma-Industrie

H.-P. Martin

Es war einmal ein aufgeschlossener Abteilungsleiter in einer Konzernholding. Lange bevor es die Diskussion über ein sinnvolles Verhältnis zwischen Nutzen und Risiko der Arzneimittel gab, überlegte er sich, wie der Pharmamarkt sich wohl entwickeln würde. Er machte sich Sorge um die Zukunft einer Tochterfirma. Sie bemühte sich nur mit äußerst mäßigem Erfolg um die Herstellung und den Verkauf von Arzneimitteln.

Eines Tages kam dieser Abteilungsleiter auf eine äußerst ungewöhnliche Idee. Er ließ von einer Gruppe junger Wissenschaftler und Journalisten, die allesamt zumindest als kritische, wenn nicht gar als richtig links verschrien waren, eine Liste erarbeiten. Sie sollte all jene Pharmaka umfassen, die nach Ansicht der Gruppe tatsächlich gut erprobt und relativ sicher seien. Die Liste konnte dem interessierten Abteilungsleiter gar nicht kritisch genug sein – wollte er doch sichergehen, daß es sich dabei um Arzneimittel handle, die auch dem Urteil von Menschen standhalten, die der bereits absehbaren, zunehmenden Medizinskepsis Glauben schenkten.

Sobald diese Unterlagen fertiggestellt waren, leitete sie der Abteilungsleiter an die Tochterfirma der Konzernholding weiter. Dort, so stellte er sich das wenigstens vor, sollte geprüft werden, welche der über jeden kritischen Zweifel erhabenen Mittel kostengünstig produziert werden könnten, und in welchem Bereich sich unter Umständen eigene Forschung lohnen könnte.

Die Verantwortlichen in der Konzernzentrale wiesen das Ansinnen jedoch kategorisch zurück. So eine Liste sei wertlos, argumentieren sie, was diese „grünen Fortschrittsverweigerer“ dächten, sei ohne Belang. Anstelle dessen investierten sie wenige Jahre später einen Gutteil ihrer Energie und ihrer finanziellen Mittel in den Vertrieb eines angeblich neuen Produkts. Allen Interessierten war bewußt, daß das neue Arzneimittel einen Wirkstoff enthielt, der in Fachkreisen bereits in den verschiedensten Anwendungsgebieten unter Beschuß gekommen und außerdem, in ganz ähnlicher Form, ohnehin schon in 15 anderen marktgängigen Produkten zu finden war. Um diesen Mangel auszugleichen, erhielten verschreibungswillige Ärzte großzügige Geschenke – etwa Farbfernseher und wertvolle Münzen –, die ihnen den Nutzen der Neuheit schmackhaft machen sollten.

Das Produkt entwickelte sich dennoch zum Flop, die ganze Branche spottete, zumal die glücklose Firma über hervorragende Regierungskontakte verfügte, und, weil sie das falsche Konzept verfolgte, ihre ausgezeichneten Beziehungen zur Krankenkasse und der Zulassungsbehörde nicht den Möglichkeiten entsprechend ausnutzen konnte.

Inzwischen hatten sich bereits andere Unternehmen auf die Vermarktung und die Nachahmung international unumstrittener Substanzen konzentriert – mit beträchtlichem kommerziellen Erfolg.

Ein Märchen, werden jetzt viele von ihnen sagen. Der bittere Nachgeschmack dabei: Es ist leider wahr. Der unkonventionelle Abteilungsleiter saß in der ÖIAG, der Dachgesellschaft der verstaatlichen Betriebe in Österreich. Wir, eine Gruppe von vier Journalisten, drei Pharmakologen und knapp zwei Dutzend Fachärzten und Klinikern, erarbeiteten eine Liste – noch bevor unser Medikamentenführer „Bittere Pillen“ erschien, und schließlich war es die Chemie Linz AG, die alles zurückwies und sich lieber auf einen weiteren Betablocker auf dem ohnehin schon gesättigten Markt konzentrierte.

Hämisch könnte man sagen: Recht geschieht's ihnen; mit der Traurigkeit eines gebürtigen Österreichers muß man aber hinzufügen: Warum haben Sie's denn nicht rechtzeitig begriffen? Dabei scheint doch alles so einfach zu sein: Seit gut zwanzig Jahren hat sich weltweit eine kritische rationale Arzneitherapie entwickelt – in Forschung und Praxis. Beim Vergleich von wissenschaftlichen Studien, die nicht unter dem Einfluß oder gar der Kontrolle von Pharma-Firmen entstanden sind, beim Vergleich von internationalen Standardwerken über unerwünschte Wirkungen und tatsächlich erprobte Anwendungsgebiete neuer Arzneimittel – überall bildete sich ein gewisser common sense. Manchmal ist es wirklich verblüffend, zu welch ähnlichen Ergebnissen unabhängige und angesehene Forscher in jeder Ecke der Welt gelangen.

Ich glaube, daß gerade eine sinnvoll betriebene Medikamentenforschung zu Resultaten führt, die für die ganze Gesellschaft einen unbestreitbaren Wert besitzen. Wenn das Vertrauen in wissenschaftliche Methoden und Ergebnisse noch *irgendwo* seine Berechtigung hat, dann mit Sicherheit in diesem Bereich. Denn es gibt keinen Zweifel: Natürlich gibt es eine Vielzahl guter, verläßlicher Arzneimittel, und das läßt sich, wenn auch oft nur in Langzeitversuchen, meist auch einwandfrei überprüfen.

Doch genauso viele Medikamente, in vielen Märkten ist es sogar die überwiegende Mehrheit, sollte besser *nicht* verwendet werden – sei es, weil die Präparate über ein unvertretbares Nebenwirkungspotential verfügen, sei es, daß sie schlichtweg nutzlos sind und nur die Geldbörsen der öffentlichen bzw. der „privaten“ Hand belasten. Solche Einwände aber hat die Industrie bis in die jüngste Zeit pauschal negiert. Seriöse, doch eben deshalb auch unbestechliche Schulmediziner, die so argumentierten, wurden als „Brunnenvergifter", Nichtmediziner als „ahnungslos und inkompetent", als „destruktiv", und nicht selten auch als „systemfeindlich" abqualifiziert.

Damit haben sich die Industrie und ihre Handlanger allerdings einen Bärendienst erwiesen. Verschreckt und verunsichert laufen Patienten in Scharen davon. Weil die differenzierte Betrachtung des Arzneimittel-Angebots denunziert wurde, kehren viele auch den wirklichen Errungenschaften der Schulmedizin und der Pharma-Hersteller den Rücken und suchen ihr Heil in oft äußerst fragwürdigen Heilverfahren und Methoden, die nicht selten mit der Bezeichnung „alternativ" versehen werden, aber nur ganz selten eine zweckmäßige Alternative darstellen.

Mit ihrer Uneinsichtigkeit, ihrer Sturheit und ihrer Selbstgefälligkeit haben sich die Industrie und viele aus der etablierten Schulmedizin in eine Glaubwürdigkeitskrise gestürzt. Oft werden dafür die Medien verantwortlich gemacht, gerade in der Industrie halten viele die Journalisten für die Täter. Dabei sind wir nur Zeitzeugen, die bloß wiedergeben können, was wir sehen. „Haltet den Dieb", schreit da der Dieb häufig selbst. Zugegeben, nicht jeder Zeuge sieht klar, zugegeben, nicht jeder Zeuge ist guten Willens. Doch viele, die von der Industrie besonders vehement angegriffen werden, verstehen sich als aufklärerische Publizisten. Sie müssen weh tun, gerade wenn die Zustände so beschämend sind wie hierzulande – in Österreich und in der Bundesrepublik Deutschland. Und Wirkung können die kritischen Geister nur erzielen, weil unzählige Patienten diese Erfahrungen teilen, weil in den vergangenen Jahrzehnten immer mehr Menschen den Fluch vermeintlich nebenwirkungsarmer Medikamente am eigenen Leib zu spüren bekommen haben.

Der Medikamentenmißbrauch hat sich zu einem Massenphänomen ausgewachsen – oft geduldet durch die Industrie und sogar gefördert durch Werbekampagnen, die irreführen und wichtige Warnungen verschweigen.

- 800.000 Bundesdeutsche, so ermittelte die deutsche Hauptstelle für Suchtgefahren, sind inzwischen medikamentensüchtig, die Alkoholabhängigkeit zieht kaum mehr Menschen in ihren Bann. Für Österreich sind keine Vergleichszahlen verfügbar, doch gibt es keinerlei Anzeichen dafür, daß die Suchtproblematik hierzulande weniger ernst genommen werden müßte.
- Das Risiko, wegen unerwünschter Wirkungen eines Medikaments zu erkranken, ist inzwischen so groß wie die Gefahr, in einen Verkehrsunfall verwickelt zu werden.
- Die Bundesrepublik Deutschland und – wenn auch in etwas abgeschwächtem Maße – Österreich werden von Branchenkennern als die „letzten Paradiese der Pharma-Konzerne" bezeichnet. Und das, obwohl wirklich neue Substanzen kaum noch entdeckt werden – eine Tatsache, die im krassen Gegensatz zu den beim Patienten geschürten Erwartungen

steht. In diesem Zusammenhang sind die einschlägigen Statistiken zu eindrucksvoll, als daß man aufhören kann, sie zu zitieren: 1978 wurden in der Bundesrepublik 106 Arzneimittel neu zugelassen – 42 davon enthielten einen neuen Wirkstoff. 1985 waren es 1296 Medikamente, die neu auf den Markt kamen. Ganze 184 davon enthielten eine neue Substanz, doch meist handelte es sich auch dabei nur um geringfügige Abweichungen zu längst bekannten Arzneistoffen.

- Noch immer ist den Pharmaforschern nichts Entscheidendes gegen die „großen Killer" unserer Zeit in Europa eingefallen – gegen Krebs, koronare Herzerkrankungen, Erkrankungen der Hirngefäße, Lebererkrankungen und Unfälle.

Um so größer fällt aber jeweils der Werberummel aus, wenn ein „neues" Mittel der Öffentlichkeit präsentiert wird. Zuletzt konnte dieses Paradoxon beim Anti-Aids-Präparat AZT beobachtet werden. Von diesem Produkt wurde nach den ersten Tests, die in Wien durchgeführt wurden, voreilig und wohl auch verantwortungslos behauptet, es könne die Überlebensdauer eines Aids-Infizierten verdoppeln.

Und wer erinnert sich nicht an die hochgeschraubten Erwartungen an das Krebsmittel „Interferon"? Auch das kostet Glaubwürdigkeit.

Trotzdem: In den vergangenen Jahren hat sich die Situation am Arzneimittelmarkt leicht gebessert. In etlichen Bereichen, in denen sich früher die Werbestrategien der Firmen besonders fatal ausgewirkt haben (Schmerzmittel, Beruhigungsmittel, Grippemittel), ist der Arzneimittelkonsum endlich etwas rückläufig – offensichtlich die Folge von mehr industrieunabhängiger Information. In Österreich wurden Hunderte Arzneimittel aus dem Verkehr gezogen – viele davon wegen lebensgefährlicher Nebenwirkungen. 1986 traf es die aggressiv beworbenen neuen Antidepressiva Alival und Psyton, nachdem unabhängige Wissenschaftler Dutzende Todesfälle nachgewiesen hatten. Phenazetin, das noch in 209 Schmerzmitteln enthalten war, wurde in der BRD schon vor einiger Zeit verboten – in Österreich durften damit aber die Nieren von Schmerzmittel-Konsumenten bis vor kurzem weiter geschädigt werden. Ebenfalls in der BRD wurde im vergangenen Jahr der beabsichtigte Widerruf der Zulassung von 134 metamizolhältigen Kombinations-Schmerzmitteln angekündigt. Die Hersteller haben daraufhin diese Problem-Mittel zum guten Teil vom Markt genommen. Auch hier haben aber die österreichischen Behörden vergleichbare Schritte unterlassen. Im Juli 1987 hat das Berliner Bundesgesundheitsamt 125 Kombinations-Schmerzmittel verboten, die zusätzlich zum schmerzlindernden Inhaltsstoff noch ein suchtbildendes Barbiturat enthalten. In Schlafmitteln und vielen anderen Kombinationspräparaten dürfen Barbiturate freilich weiter verkauft werden. Und inzwischen werden auch Schmerzmittel von den Behörden unter die Lupe genommen, die Coffein enthalten. Coffein kann eine Medikamentenabhängigkeit begünstigen. Bei all diesen Schritten folgen die Gesundheitsbehörden nur den längst bekannten Mahnungen weltweit angesehener, kritischer Wissenschaftler, deren Arbeiten bis vor kurzem von zahlreichen Industrievertretern verfemt oder zumindest ignoriert wurden. Viele behördliche Maßnahmen wurden indes von der Industrie bereits wieder unterlaufen. Als die meisten Appetitzügler endlich der Rezeptpflicht unterstellt wurden, haben etliche Firmen praktisch identische Produkte mit geringfügig anderer Zusammensetzung auf den Markt gebracht – sie sind damit nach wie vor rezeptfrei.

Wie kann man mit solchen Tricks, wie kann man mit bitteren Pillen gesunde Geschäfte machen und gleichzeitig lautstark den Verlust an Glaubwürdigkeit beklagen? Ganz einfach: Man muß ihn beklagen. Denn wenn die ganze Glaubwürdigkeit verloren ginge, bei einem vollständigen Vertrauensverlust beim Patienten – vielleicht sogar auch bei den Ärzten – wenn das eintritt, hätten die Pharma-Hersteller ihr Kapital vollkommen verspielt.

In einer so kritischen Situation muß man festhalten: Selbstverständlich wollen auch wir Medienleute zum Erhalt und dem Ausbau der Glaubwürdigkeit guter industriell hergestellter Pharmaka beitragen. Doch wir möchten diese Glaubwürdigkeit nicht herbeilügen. Das mag nicht immer so gewesen sein. Viele Vertreter der Industrie verhalten sich gegenüber Journalisten auch heute noch so, als ob sie es mit dem verlängerten Arm der Presseabteilung ihres Unternehmens zu tun hätten. So halten sich Manager dann für erfolgreich, wenn es ihnen gelingt, Medienleute zu ihren Komplizen zu machen. Diese Strategie ist kurzsichtig und unvorsichtig. Sie bleibt deshalb immer häufiger ohne Resonanz. Denn im sensiblen Bereich der Arzneimittel kam in letzter Zeit der Druck auf die Journalisten immer stärker von den Lesern. Die Patienten haben die Komplizenschaft zwischen willfährigen Medien und Industrieleuten satt. So wollten selbst in der unternehmerfreundlichen „Quick" die Leser weg vom Pro-Pharma-Kurs. Wenn die Illustrierte nicht begonnen hätte, sich kritisch mit den Pharmaka zu beschäftigen, wäre sie selbst in eine Glaubwürdigkeitskrise geschlittert.

Trotz der nicht mehr überhörbaren Kritik an den Praktiken der Pharma-Industrie können viele Repräsentanten dieses Wirtschaftszweiges noch immer nicht mit der veränderten Situation umgehen. Noch immer ist die Meinung vorherrschend, ein Unternehmen müsse sich fast ausschließlich im positiven Licht darstellen. Daß das Denkmal Industrie längst Risse bekommen hat, wird dabei einfach weggeleugnet. Statt Schwächen einzugestehen, Risse offenzulegen, werden die eigenen Stärken geschönt. Die Folge: Der Widerspruch zwischen Schein und Wirklichkeit tritt offensichtlich zutage und stößt sogar bei Menschen, die bisher der Industrie wohlgesonnen waren, unangenehm auf. Damit setzt eine gefährliche Entwicklung ein: Aus Enttäuschung über die „Verlogenheit" der Firmenaussagen werden auch die tatsächlichen Leistungen des Unternehmens nicht mehr gewürdigt. Statt einer offenen Diskussion über die Risse im System kommt es leicht zum Denkmalssturz. In Zahlen ausgedrückt: Weil viele Firmen glauben, sich zu 100 Prozent positiv präsentieren zu müssen, aber tatsächlich nur zu 75 Prozent Vorzeigbares tun und produzieren, fallen sie, einmal der Übertreibung überführt, in der öffentlichen Wertschätzung auf 50 Prozent oder vielleicht noch darunter. Zur Herstellung eines mit der Wirklichkeit übereinstimmenden Glaubwürdigkeitsprofils ist deshalb, meiner Meinung nach, bedingungslose Transparenz vonnöten. Natürlich weiß die Mehrheit der Bürger, Leser, Patienten, daß ein Industriebetrieb Abwässer und Luftschadstoffe abgeben muß. Diese Mehrheit ist auch bereit, solche notwendigen Übel in gewissem Umfang zu tolerieren. Werden aber um die Schadstoffmengen Geheimnisse gemacht, so wird das aufkommende Mißtrauen zum meinungsbestimmenden Faktor.

Wer Nebenwirkungen von Medikamenten verschweigt oder hinter unverständlichen Fachausdrücken verbirgt, muß mit ähnlichen Effekten rechnen. Kein Wunder, daß inzwischen auch viele der Industrie sehr wohlgesonnene US-Staatsbürger den „Freedom of Information Act“ ihres Landes für eine der stärksten Waffen ihrer Heimat halten. Er zwingt viele Unternehmen – so wie die Hearings im Kongreß der Politiker – zur Herausgabe fast aller relevanten Informationen. Wo es kein Geheimnis mehr gibt, kann sich auch kein falscher, vielleicht sogar zerstörerischer Mythos ausbreiten.

Der Public Citizen Health Group des Ralph Nader, der Begründer der ersten echten Bürgerinitiative, ist es in den USA nunmehr sogar möglich, die Qualität einzelner Krankenhäuser miteinander zu vergleichen. Kriterien sind unter anderem die Häufigkeit des Griffs des Arztes zum Rezeptblock bei bestimmten Indikationen, ebenso wie ihre „Operationsfreudigkeit“, aber auch ihr Umgang mit den Pharma-Vertretern. Insgesamt entsteht durch diese bewertenden Vergleiche eine – freilich von Illusionen freie – Vertrauensbasis zwischen Arzt und Patient. Man weiß, woran man ist.

Aufgrund der in den USA gemachten Erfahrungen träume ich von einem Industrieunternehmen, das im Glashaus sitzt. Nicht, weil es dann nicht mehr mit Steinen um sich werfen könnte, nein, das soll es ruhig weiter tun – zu unser aller Nutzen. Die Handlungen des Unternehmens wären aber vollständig überprüfbar – am gläsernen Abflußrohr, am gläsernen Schornstein, im gläsernen Archiv, das die unerwünschten Wirkungen und sonstigen Probleme beim Einsatz von Arzneimitteln speichert.

Zu einer neuen, realen Glaubwürdigkeit gehörte freilich auch, daß die Firmen eine liebgewordene Praxis aufgäben: das Vor-Checking. Wie gut trainierte Fußballspieler attackieren bisher viele Vertreter der Industrie ihre Kritiker schon in der Nähe des gegnerischen Strafraumes. Dabei benehmen sie sich aber so, als ob sie in Notwehr handelten, weil der Feind doch schon das eigene Tor bedrohe. Konkreter: Häufig argumentieren Unternehmen schon mit dem Kostendruck, der bestimmte zusätzliche Maßnahmen unmöglich mache, obwohl firmeninterne Kalkulationen ergaben, daß die Schmerzgrenze noch keineswegs erreicht wäre. Gelingt den Kritikern des Unternehmens dann der Nachweis, daß geschummelt wurde, fällt die ganze Argumentation der Firma in sich zusammen. Viele Leute glauben dem Unternehmen auch dann nichts mehr, wenn die Einwände des Betriebs tatsächlich berechtigt wären: Die Chemie Linz AG hat mit diesem Mechanismus, den sie selbst zu verantworten hat, ja schon unzählige Erfahrungen gemacht. So war ich denn auch überrascht, daß es auf diesem Symposion möglich wurde, daß auch Kritiker zu Wort kommen. Vielleicht ist dies ein kleiner Schritt in die richtige Richtung. Insgesamt wünsche ich mir allerdings viel mehr – und zwar ein rundum anständiges Pharma-Unternehmen. Im Gegensatz zu dem Beispiel, mit dem ich meine Ausführungen eingeleitet habe, existiert eine solche Firma aber bislang wirklich nur im Märchen.

Die Verantwortung der chemischen Industrie gegenüber der Gesellschaft

F. Kafka

Bei Themen wie dem meinen überlegt sich der Tausendfüßler, mit welchen Füßen er sich die Schuhe anzieht. Aber dies gilt vermutlich für alle Themen in der eher unbefriedigenden Situation, gleichzeitig für viele Menschen wichtig, aber von zu wenigen ausreichend durchdacht und durchdrungen worden zu sein.

Was den Titel meines Vortrages angeht, so habe ich ihn weder erfunden, noch an seiner Formulierung mitgewirkt. Selbstverständlich aber habe ich akzeptiert, Ihnen hier und jetzt meine Gedanken dazu vorzutragen. Irgend jemand – ohne daß ich nun genau weiß wer – ist also für mein Vortragsthema in einem abstrakten Sinn verantwortlich; denn er hat es erfunden und in Worte gefaßt, muß aber hier nicht darüber reden. Hingegen muß ich das, was ich mir zu Hause ausgedacht und Ihnen hier vortragen werde, und worüber vielleicht da und dort geschrieben wird, in einem ganz konkreten Sinn selbst verantworten, als Person; darauf bin ich ansprechbar als Person, festlegbar als Person, nicht nur hier und jetzt, sondern auch in wie immer ferner Zukunft – vom jüngsten meiner Mitarbeiter bis zum höchsten Behördenvertreter. Mit dieser ersten Unterscheidung zwischen abstrakter Verantwortlichkeit und konkreter Selbstverantwortung sind wir schon mitten drin in unserem Thema, das rundweg ein ethisches Thema, ein Thema der Ethik ist; denn Verantwortung ist ein ethischer Begriff.

Beim Durcharbeiten und Lösen meiner Aufgabe bin ich relativ schnell darauf gekommen, daß meine Situation sehr wohl manche Ähnlichkeit hat mit dem eingangs erwähnten sich die Schuhe anziehenden Tausendfüßler. Deshalb bin ich relativ rasch auf die Idee verfallen, Ihnen meine Beiträge zum Thema durch eine kritische Analyse der Titelformulierung zu entfalten. Die eingangs versuchte Trennung zwischen Verantwortlichkeit und Verantwortung sollte mir dafür eine erste Legitimationsbasis sichern. Es gibt aber für meine Art der Entfaltung meiner Gedanken zum Thema noch einen wesentlichen handfesteren Grund:

Mein Vortragsthema enthält – ich bin sicher, dem oder den Titelverfasser(n) unbewußt – ein komplettes ethisches Programm, von dem ich meine, daß es kritisiert werden muß, und zwar in erster Linie deshalb, weil es nur scheinbar von ethisch relevanten Realitäten redet, in Wirklichkeit aber mit ideologischen Versatzstücken operiert. Ich hoffe das klarmachen zu können, indem ich nicht bloß destruktiv analysiere, sondern konstruktiv kritisiere, orientiert am griechischen Wort „krinein", welches unterscheiden bedeutet, um so die Kontur einer Ethik zu gewinnen, welche der Polarität chemische Industrie – Gesellschaft, wie unser Thema meint, angemessen ist.

Was wollen wir unter Verantwortung verstehen?

Das Thema nennt den Begriff Verantwortung an vorderster und damit an bevorzugter Stelle. Eine Antwort hat vor wenigen Jahren der deutsch-amerikanische Philosoph Hans Jonas in einem 400 Seiten starken Buch mit dem Titel „Das Prinzip Verantwortung – Versuch einer Ethik für die technologische Zivilisation" gegeben. Wie schon der Titel nahelegt, war es bewußt geschrieben als Gegenstück zum Opus magnum, wenn man so sagen kann, des deutsch-deutschen Marxismus-Philosophen Ernst Bloch über „Das Prinzip Hoffnung".

Hans Jonas will der vorwärtsstürmenden – wie er sagt – quasi – utopischen Dynamik der Technik – und wie er meint auch des Marxismus – die Zügel anlegen; seine Ethik der Verantwortung will bewahren und schützen. Ich frage mich was? Sein Geschichtsbild kennt die Illusion des Still- und Innehaltens. Sein Menschenbild orientiert sich am unveränderlichen und insoferne statischen Wesen des Menschen von Aristoteles. Alle diese drei Elemente des „Prinzips Verantwortung" sind abstrakte Realität und damit praxisferne.

Unsere Welt, die kosmische wie die von Menschen gemachte, ist auf Veränderung angelegt. Das sagen uns Augenschein und Hausverstand. Das sagen uns alle einschlägigen Theorien – von der Urknalltheorie bis zur evolutionären Erkenntnistheorie. Wir können diese unsere sich ständig verändernde Welt nur „bewahren", indem wir sie ständig mitverändern. Dazu brauchen wir auch utopische Energien, die der Marxismus keinesfalls exklusiv für sich alleine gepachtet hat. Vor einem dynamischen Geschichtsbild sollten wir auch mit einem dynamischen Menschenbild arbeiten, bestimmbar – nach einem Vorschlag Rupert Lays – durch die Menge der aktiven und passiven Interaktionen eines Menschen. Da diese Interaktionen immer nur andere sind, ist dieses Menschenbild auch strikte individualisiert. Mit Bezug auf Verantwortung bedeutet das: Verantwortung ist als abstraktes Prinzip nicht lebbar, sondern nur als persönliche Selbstverantwortung, als konkrete nicht delegierbare Selbstverantwortung einer konkreten Person in einer konkreten Situation durch eine konkrete Handlung und deren Folgen. „Verantworte, was du tust – ohne Bedingungen", fordert Philosoph, Managementtrainer Publizist und Jesuitenpater Rupert Lay in seiner „Ethik für Wirtschaft und Politik" (S. 299). Die Existenz des Menschen ist begrenzt;

deshalb sind auch Wissen und Vorausschau in die Zukunft begrenzt. Wissen ist Vermutungswissen, sagt Karl Popper. Die Folgen von Handlungen sind überwiegend nicht vorhersehbar. Verzichte deshalb für dich und für andere auf Handlungsperfektion. So wiederum Rupert Lay. Verzicht auf Perfektion ist die Voraussetzung der Ethikfähigkeit. Wir können als Menschen Perfektion gar nicht erbringen, weil wir Wesen der Grenze sind, körperlich, geistig, seelisch, sozial und zeitlich.

Ein Verantwortungsbegriff wie dieser schließt „falsche Verantwortung", wie jene für fremde Handlungen und deren Folgen „historische Verantwortung" oder sogenannte „Verantwortungsexpansionen" auf Handlungen die einen nichts angehen, wiewohl man vielleicht möchte, daß sie einen angehen, aus. Sehr wohl eingeschlossen ist jedoch die mittelbare Verantwortung, etwa jene für die negativen Folgen einer Aufgabendelegation an einen inkompetenten Mitarbeiter, wenn eine andere Lösung möglich gewesen wäre. – Soweit wiederum Rupert Lay; ich bin Lay auch an dieser oder jener Stelle meiner weiteren Ausführungen verpflichtet, werde aber im einzelnen nicht mehr darauf hinweisen. – Wir hätten also fürs erste den Begriff Verantwortung eingegrenzt auf persönliches, nicht delegierbares, selbstverantwortliches Handeln und dessen Folgen.

Unser Thema spricht aber von Verantwortung der chemischen Industrie; geht das zusammen?

Nach dem bisher Gesagten nein; nach dem bisher Gesagten kann es nämlich nur eine Selbstverantwortung der in der chemischen Industrie tätigen Menschen geben. Wie diese ausschauen könnte, dazu später mehr. Zunächst jedoch: Es gibt noch einen zweiten Grund, weshalb es eine Verantwortung der chemischen Industrie im Sinne des Titels nicht geben kann. Die chemische Industrie ist ein System, ähnlich dem administrativen oder dem politischen System. Um ethisch handeln zu können, brauche ich eine wie immer bescheidene ethische Theorie, einfacher gesagt, Regeln, Prinzipien oder Grundsätze ethischen Handelns. Ein System kann keine Theorie entwickeln, weder eine einfache, noch eine ethische, denn ein System besitzt kein Großhirn.

Wie aber ist selbstverantwortliches ethisches Handeln von konkreten Menschen in konkreten Situationen unter systematischen Bedingungen, etwa in der chemischen Industrie möglich?

Wir können davon ausgehen, daß die Menschheit Systeme auf der einen Seite und ethisches Verhalten auf der anderen Seite nicht als Selbstzweck entwickelt hat, sondern weil sie einen Selektionsvorteil darstellen, weil sie das Überleben von Menschen, einer Gruppe von Menschen, in konkreter

Welt, sichern helfen. Da sich „Welt" ständig ändert, müssen sich auch die zwei Überlebensmechanismen „System" auf der einen Seite und soziale Interaktionen auf der anderen Seite ständig verändern, um ihre Aufgabe der Überlebenssicherung erfüllen zu können.

Wie diese Veränderungen auf der systematischen Seite bzw. auf der personalen Seite vor sich gehen könnten oder sollten, will ich im folgenden wohl aus dem Blickwinkel der chemischen Industrie, prinzipiell aber allgemein gültig versuchen zu skizzieren.

Zunächst müssen wir unsere Systeme, in erster Linie auf der Ebene Betrieb, aber auch auf der Ebene Branche und Verband, so gestalten, daß sie personales Handeln nicht nur nicht unterdrücken, nicht nur dulden und zulassen, sondern vielmehr sogar fördern und anregen. Daß dies oft nicht geschieht, hat, so wie ich das sehe, zwei hauptsächliche Ursachen: Zum ersten wird der Unterschied zwischen systematischen und personalem Handeln nicht gesehen; die permanente Rede vom Sachzwang ist ein untrügliches Zeichen dafür. – Zum zweiten wird, wenn man weiß, daß es sich bei systematischen und personalem Handeln um zwei verschiedene Paar Schuhe handelt, personales Handeln und systematisches Handeln als sich ausschließend bzw. als wechselseitig kontraproduktiv gesehen. Beide Sichtweisen sind nicht nur meiner Meinung, sondern auch meiner Erfahrung nach falsch. Selbstverständlich ist richtig, daß systematisches Handeln und personales Handeln unterschiedliche Ziele haben. Systematischem Handeln geht es um die Bestandsicherung und um die Expansion eines Systems. Personalem Handeln geht es um die bessere Gestaltung von Interaktionen zwischen Menschen im weiteren Sinn. – Ich weiß aus persönlicher Erfahrung, daß personales Führen etwa auch bessere systematische Ergebnisse zeitigen kann, als ausschließlich systematisch orientiertes Führen. Ich weiß aus persönlicher Erfahrung, daß soziale Interaktionen etwa mit Nachbarschaften oder mit Konsumenten zum Beispiel bei der Behandlung hochsensibler ökologischer Fragen auch bessere systematische Ergebnisse zeitigen als nur deren systematische Behandlung.

Welche praktischen Mechanismen nun sind denkbar zur Optimierung systematischer Bedingungen im Hinblick auf die Förderung und Anregung personalen Handelns? Lassen Sie mich Beispiele geben:

- Als erstes: Nicht nur Duldung, sondern sogar Förderung von Kritik in der Form von Selbstkritik und Systemkritik; denn Selbstkritik hängt mit Selbstverantwortung zusammen und Systemkritik ist eine der Voraussetzungen für die Änderung von Systemen; aber Zulassung und Förderung von Kritik nicht zur Erhöhung des Gehaltes an Destruktivität in einem System, sondern durchaus im Sinne des griechischen Wortes krinein = unterscheiden.
- Als zweites: Anregung und auch Instrumentierung von Kommunikationsprozessen – von der ad hoc-Gesprächsrunde im Unternehmen bis zur

Betriebszeitung; denn je besser die Kommunikation in einem Unternehmen, desto größer ist auch die Fähigkeit aller Mitarbeiter zur Lösung von Konflikten im Betrieb.

- Als drittes Beispiel: Jedenfalls ad hoc – Durchbrechungen der Hierarchie, etwa in der Form informeller Arbeits- oder Problemlösungskreise, Innovations- und Ideenfindungsrunden, Kostensenkungs-, Rationalisierungs-, Qualitätszirkel und visionärer Szenariorunden. Diese Hierarchiedurchbrechungen sollen vor allem erreichen, daß sich möglichst viele am gesamtheitlichen Veränderungsprozeß des Systems Betrieb beteiligen, daß möglichst viele Gelegenheit haben zur Umsetzung von Veränderungsambitionen.
- Viertes Beispiel: Zumindest periodische Revision des Normenbestandes eines Unternehmens auf den verschiedensten Ebenen; Präsentation, Diskussion und Erprobung von Normen-Nivellierungen und Normen-Innovationen; ein aktuelles Beispiel wären hier etwa betriebliche aber auch überbetriebliche Grundsätze für den Umweltschutz. Prinzipiell könnte man Normenrevisionen und -innovationen sehen zumindest als Plattform für den Versuch, den systematischen Bereich Betrieb durch den Zutritt auch von privaten Ethiken effizienter zu gestalten.
- Fünftes Beispiel: Die Sozialisierung von Betriebsorganisationen, wenn man das so nennen kann, ist selbstverständlich mit der Einsetzung von Betriebsräten und Vertrauensleuten nicht zu Ende gegangen. Weitere organisatorische Innovationen werden kommen. Der Umweltverantwortliche ist vielfach schon Realität. Hauptberufliche innerbetriebliche Gesprächspartner für externe soziale Netzwerke werden eine gar nicht so unwahrscheinliche organisatorische Innovation von morgen sein.
- Sechstes Beispiel: Überprüfung und Erneuerung des operativen und des strategischen Methodenbestandes eines Unternehmens im Hinblick darauf, inwieweit sie die Integration personalen Handelns in einem Betrieb erlauben. Hier als Beispiel aus der Praxis die Umweltschutzkonzepte, über die die chemische Industrie Österreichs nicht nur auf Betriebsebene, sondern sogar auf Verbandsebene verfügt.
- Siebentes Beispiel: Wir sollten auch nicht übersehen, daß die innerbetrieblichen Dienste, besser bekannt unter dem Stichwort Bürokratie, nicht nur die Erreichung systematischer Ziele erschweren, sondern auch das Mit-, Neben- und Ineinander systematischen Handelns und personalen Handelns verhindern können. Deshalb sollten wir aus systemischen, aber auch aus personalen Effizienzgründen periodische Remedur mit unserer betrieblichen Bürokratie machen.

Eine Grundvoraussetzung für das Erreichen der beiden systemischen Ziele Bestandsicherung und Systemexpansion sind Gewinne. Die Bedeutung dieser Voraussetzung nimmt radikal zu, wenn es darum geht, systemisches Handeln und personales Handeln stärker miteinander zu verschmelzen. Ich versuche das am Beispiel Umweltschutz zu demonstrieren. Der Schutz unserer Umwelt ist mit großer Sicherheit ein ethischer Wert, der jedenfalls heute noch weitgehend aus dem personalen Bereich generiert wird. Die Integration allerdings auch ins systemische Interesse nimmt radikal zu. – Mit Sicherheit kennt man auch im Osten die Probleme der Umweltverschmutzung und den Wert des Umweltschutzes. Man kann jedoch nur wenig bis gar nichts zur Problemlösung tun, weil man als Mangelwirtschaft nicht über die nötigen Mittel dazu verfügt. Manchem Betrieb im Westen geht es ähnlich.

Das dritte Schlüsselwort des Vortragstitels ist der Begriff Gesellschaft

Gesellschaft – gibt es das überhaupt? Ich meine nicht bloß als Phantasiebegriff, als Ideologem, sondern als konkrete, konkret beschreibbare, auch konkret faßbare und konkret ansprechbare Konfiguration des sozialen Lebens? Ich sage nein, das gibt es nicht, und jeder hier im Saal wird nach einigen wenigen Gedankenzügen zur gleichen Antwort kommen. Um aber jeden möglicherweise aufkeimenden Verdacht auf Suggestion aus der Welt zu schaffen: Dieses mein Nein ist zumindest dreifach zu begründen: durch Augenschein und Hausverstand, durch die Ergebnisse der modernen Sozialtheorie und durch die Ergebnisse moderner empirischer Sozialforschung.

Die soziale Theorie etwa eines Serge Moscovici setzt den sozialen Großaggregaten à la Masse und Gesellschaft die soziale Innovationskraft des Einzelnen, der Kleingruppe und der Minderheit entgegen. Die empirische Sozialforschung unserer Tage entdeckt immer weitere Fraktionierungen, um nicht zu sagen Zertrümmerungen des sozialen Lebens, oder um es positiv zu sagen, die vielfältigsten Ausdifferenzierungen des Gesellschaftlichen in die verschiedensten sozialen Konstellationen. Und da diese vielfältigen, teils stabilen, teils instabilen Klein- und Kleinstgruppierungen soziale Realität sind, haben sie auch reale Probleme, reale Bedürnisse und reale Visionen.

Ältere Menschen wollen länger gesund bleiben. Greise wollen länger leben. Die Frau mit 50 will statt mit 50 erst mit 60 ihre ersten Falten kriegen. Die sogenannten Singles wollen eine Fertigküche, die schnell geht, aber dennoch kein Fraß ist. Die Hungernden in den Entwicklungsländern müssen morgen mehr zu essen bekommen. Die Kranken in den Entwicklungsländern müssen morgen gesünder leben. Benzingetriebene Autos können wir uns aus Umwelt- und Ressourcengründen nur mehr kurze Zeit leisten, also brauchen wir andere Verkehrsmittel, jedenfalls solche, die mittels neuer Stoffe angetrieben werden.

Hier hat jede Industrie, aber insbesondere die chemische, weil sie für fast alle Industrien eine wie immer große Schlüsselfunktion erfüllt, vielfältige Handlungsaufgaben, Forschungsaufgaben, Entwicklungsaufgaben, Produktionsaufgaben, Vertriebsaufgaben, welche man in Summe versuchsweise in dem Rumpfsatz von der Verantwortung der chemischen Industrie gegenüber der Gesellschaft zusammenfassen könnte; aber eben nur sehr versuchsweise.

Natürlich kenne ich die Denkanstrengungen der modernen Naturwissenschaften – von Fritjof Capra bis Carl Friedrich von Weizsäcker – zu einer „anderen" Naturwissenschaft zu kommen. Natürlich kenne ich die bereits in vielen Ländern, so auch bei uns neu eingerichteten Institute zur Abschätzung der Folgen des technologischen Fortschritts. Ich beobachte auch aufmerksam die Versuche der New Age-Bewegung, zu einer neuen Wirtschaft zu kommen. – Optimist, der ich bin, sage ich, je mehr gescheite Menschen Gescheites über schwierige Probleme und über schwierige Lösungen denken und arbeiten, desto besser für uns alle.

Was für viele Probleme der Gegenwart im allgemeinen gilt, gilt im besonderen für die Probleme und Lösungszwänge durch, mit und um die chemische Industrie herum: Noch nie sind in so kurzer Zeit so viele materielle und immaterielle Mittel mit derart kurzfristiger Effizienz eingesetzt worden wie in den letzten Jahren.

Kommen wir zum letzten Wortbestandteil des Vortragstitels, nämlich zum Wort gegenüber

Sie werden es vermutlich, ich hoffe mit meiner Hilfe, in wenigen Minuten ebenso sehen wie ich, in dieser scheinbar bescheidenen örtlichen Umstandsbestimmung steckt der wahrscheinlich größte ideologische Problemstoff der Titelformulierung meines Themas.

Üblicherweise steht hinter dem Wort Verantwortung oder verantwortlich das Wörtchen für. Ich bin verantwortlich für ..., ich trage die Verantwortung für ... Verantwortung, das sagten wir schon, ist ein ethischer Begriff. Und ethische Regeln und Grundsätze sind nach Rupert Lay „Gebietende oder verbietende Sätze, die Handlungsregeln ausmachen" (S. 176). Man trägt also die Verantwortung für eine Handlung und deren Folgen.

Soweit ich das sehe, möglicherweise übersehe ich etwas, gibt es allerdings einen existentiellen Fall, in dem die Verantwortung jemandes für jemanden gilt, ich meine den Fall Eltern – Kinder. Eltern sind für ihre Kinder verantwortlich, in einem sehr umfassenden Sinn. Ich bezweifle aber, ob man aus dieser spezifischen, im Grunde biologischen Konstellation brauchbare ethische Handlungsregeln gewinnen kann. Jedes Tier sorgt für seine Nachkommenschaft. Tierische Ethiken sind nicht bekannt. Verzeihen Sie mein grobes Beispiel. Dennoch: In dem Wörtchen gegenüber meines Vortragstitels sehe ich, kaum verhüllt, die Verantwortlichkeitsbeziehung Eltern – Kind abgebildet, in ihrer Einseitigkeit, in ihrer Ungleichgewichtigkeit, und dagegen muß ich, im Zusammenhang mit der Begriffspolarität chemische Industrie und Gesellschaft, um trotz allem bei diesen beiden Begriffen zu bleiben, auftreten, und zwar mit Entschiedenheit.

Die Beziehung zwischen chemischer Industrie und sogenannter „Gesellschaft“ ist nämlich keine Einbahnstraße, sondern eine Zweibahnstraße. Es ist die Beziehung zwischen grundsätzlich gleichen, zwischen grundsätzlich gleichgewichtigen und gleich zu gewichtenden Kooperationspartnern, wenn ich das so sagen kann. Nähme man im übrigen ein wie immer zu beschreibendes Gewichtsgefälle zwischen chemischer Industrie und sogenannter „Gesellschaft“ hin, liefe das auch auf eine Inferiorisierung von sogenannter „Gesellschaft“ hinaus. Ich jedenfalls sehe das nicht.

Soweit die Relation Verantwortung zwischen chemischer Industrie und sogenannter „Gesellschaft“ eine Rolle spielt, ist sie jedenfalls nicht, wie das Hans Jonas meint, nichtreziprok; das heißt, sie ist sehr wohl reziprok. Chemische Industrie und sogenannte „Gesellschaft“ dürften in einer Art Komplementärbeziehung stehen. Die chemische Industrie zuständig für die bessere Umsetzung bereits bekannter und für die jeweils bestmögliche Umsetzung neuentdeckter chemischer Gesetze in ständig bessere industrielle Herstellungsprozesse und ständig bessere Problemlösungen in der Form von Produkten. – Die sogenannte „Gesellschaft“ sehe ich zuständig für „soziale Innovationen“ – vom Wertewandel bis zum überfälligen sozio-ökonomischen Muster der Verteilung von Überschüssen aus reichen in arme Länder.

Wenn meine Vorstellungen unterschiedlicher Zuständigkeit richtig sind, dann sind auch die Verantwortlichkeiten zwischen chemischer Industrie und sogenannter „Gesellschaft“ – und zwar in concreto – in etwa gleich verteilt. Wie? Dafür will ich ein paar Beispiele geben. Beachten Sie, daß viele dieser Beispiele auf der Hand liegen, aber dennoch irgenwie exotisch wirken. Woran das wohl liegen mag?

- Zunächst einmal sind beide, die Vertreter der chemischen Industrie und die verschiedenen Gruppierungen der sogenannten „Gesellschaft“ verantwortlich für ihre Weltbilder und für ihre wechselseitigen Fremdbilder. Beide, Weltbilder und wechselseitige Fremdbilder, intervenieren entscheidend in die Handlungen der chemischen Industrie auf der einen Seite und der sogenannten „Gesellschaft“ auf der anderen Seite. – Was man da aber oft in Wirtklichkeit vorfindet, auf der einen Seite wie auf der anderen Seite, läßt eher an Wahnbilder, denn an Weltbilder denken.
- Fördernd für die Durchzeichnung von Welt- und Fremdbildern sind mit Sicherheit gute Kontakte und gute Dialoge zwischen Vertretern der chemischen Industrie und den verschiedenen gesellschaftlichen Gruppierungen.
- Die Vertreter des politischen bzw. administrativen Systems müssen lernen, daß viele Konfliktfälle zwischen chemischer Industrie und der sogenannten „Gesellschaft“ wegen des Gehaltes an Einmaligkeit eben dieser Konfliktfälle, um es so zu sagen, im Grunde gar nicht gesetzesfähig sind, und daß

es vermutlich allemal billiger und wirkungsvoller ist, die Selbstverantwortung der in der chemischen Industrie tätigen Menschen so weit wie möglich zu entwickeln, als immer neue Gesetze zu schreiben und bürokratische Überprüfungseinrichtungen aufzublähen.

- Vermutlich brauchen wir zur Lösung von Konfliktfällen zwischen chemischer Industrie und sogenannter „Gesellschaft" andere Konflikt-Lösungsmechanismen als jene, die wir bisher benutzt haben; jedenfalls zusätzlich andere als nur Gesetze, Verordnungen und bürokratische Regelungsmechanismen. Ich nenne zwei, und mögen diese noch so utopisch klingen: 1. einvernehmliche Konfliktlösungen, ausgehandelt zwischen einem Betrieb und seiner Nachbarschaft – durchaus unter der Schiedsrichterschaft eines neutralen Dritten. 2. Marktwirtschaftliche – neben bürokratischen – Verteilungsmechanismen der Mangelgüter Luft und Wasser.
- Chemische Industrie und sogenannte „Gesellschaft" sollen sich – unterstützt durch die Medien – über Werte und Ziele unterhalten und nicht über den „Schadstoff der Woche". Auch sollte man sich darüber verständigen, daß es in unterschiedlichen gesellschaftlichen Gruppierungen unterschiedliche Werte und unterschiedliche Wertemuster gibt. Dieser Werte-Pluralismus hat dieselben Toleranzansprüche wie der Gruppierungs-Pluralismus selbst. Für alte Menschen etwa ist die Nebenwirkungsdiskussion von Medikamenten irrelevant, wenn ihnen eben diese Medikamente helfen, länger gesünder zu leben.
- Wenn Paul Watzlawick mit seinem Satz „Wirklichkeit ist das Ergebnis von Kommunikation", recht hat, und dafür spricht einiges, dann ist es beileibe nicht gleichgültig, wie auch die Vertreter der chemischen Industrie und der sogenannten „Gesellschaft" im öffentlichen Gespräch mit dem Wirklichkeits-Generator Kommunikation umgehen.
- Die sogenannte „Gesellschaft" sollte einsehen lernen, und die Vertreter der chemischen Industrie sollten ihr dabei helfen, daß Risiko- und Perfektionsansprüche nicht einseitig erhoben, sondern zweiseitig güterabgewogen gehören. Gerade in diesem Kreis brauche ich nicht besonders hervorzuheben, daß weltweit die Zulassungszeiten und Entwicklungskosten von Medikamenten bis an die Grenze der Forschungsabstinenz zu steigen drohen. Oder aus einer meiner Branchen: Das Krebsrisiko bei Anwendung einer aus Risikogründen nicht mehr eingesetzten Haarfärbesubstanz ist 100.000 mal kleiner als jenes eines Sonnenbrandes in 2.000 Meter Höhe. Manche aus Vorsorge in der Chemie nicht mehr eingesetzten Substanzen sind weniger riskant als das Rauchen einer einzigen Zigarette in einem Monat.
- Natürlich werden sich im Produktions- und lagerbereich die Katastrophen von Seveso, Bophal und Basel nicht wiederholen, allein schon deshalb, weil wir unsere Risiko-Beherrschungsprogramme weiter ausgebaut und effizienter gestaltet haben werden. Aber Produktionsunfälle in welcher

beherrschbaren Größenordnung auch immer wird es wieder und wieder geben; etwas anderes zu sagen ist unredlich. – Ich könnte mir vorstellen, daß wir alle miteinander besser lebten, wenn die sogenannte „Gesellschaft" – unterstützt durch die Medien – lernen würde, ihre nicht aus der Welt zu schaffenden Angstpotenziale gleichsam auf die Probleme der Zukunft zu kanalisieren, so daß sie als eine Art Überlebensmechanismus beherrschbar werden, anstatt frei zu vagabundieren.

- Aufklärung ist eine ethische Grunddimension, wenn sie der besseren Vermittlung von Realität und dem Abbau von Vorurteilen dient. Deshalb sollte die chemische Industrie vor die Öffentlichkeit treten und ihr sagen, wie sie die Welt sieht, was sie getan hat, mit welchen Folgen, und was sie in Zukunft zu tun gedenkt zur weiteren Optimierung zukünftiger Folgenbilanzen. – Aufklärung wird unethisch, wenn sie wie die „Grünen" in der BRD so formuliert: „Die Gesundheit der Menschen und die Unversehrtheit der äußeren Natur werden von der chemischen Industrie bedenkenlos ihren Profitinteressen untergeordnet und geopfert, was sich zum Beispiel in der alltäglichen schleichenden Vergiftung von Arbeitern, Anwohnern und Verbrauchern zeigt".

Ich gedenke meine Ausführungen an dieser Stelle abzubrechen – allein schon deshalb, weil ich mein Thema ohnehin nie zu einem vernünftigen Ende führen kann.

Ich fühle mich meinen Gastgebern auch deshalb zu Dank verpflichtet, weil sie mich mit einem Thema konfrontiert haben, das mir kritisches Material zur Entfaltung meiner Gedanken bot; vermutlich hätte ich unter anderen Bedingungen noch größere Reflektionsprobleme gehabt. In diesem Sinne darf ich hoffen, Sie mit dem Anblick des Tausendfüßlers beim Anziehen der Schuhe nicht allzusehr verwirrt zu haben.

Neue Trends in der Pharmaforschung

H. Ferber

Bis zum Ende des 19. Jahrhunderts richtete sich die Entwicklung von neuen Arzneimitteln hauptsächlich auf technologische Verbesserungen von bis dahin bekannten Wirkstoffen.

Der Franzose Mottes entwickelte 1834 eine Gelatinekapsel. Murdoch entwickelte 1834 in England eine Maschine zur Herstellung und Füllung dieser Kapseln. Fortin und Labelomie führten 1837 in Frankreich die zuckerüberzogenen Dragees ein. Die Erfindung des Jahrhunderts war jedoch die gepreßte Tablette, ein Patent des Engländers Brockedon im Jahre 1843. Einen völlig neuen Weg eröffnete Una 1884 in Deutschland mit der magensaftresistenten Tablette. Ausgangspunkt war die Überlegung, eine Arzneiform zu finden, bei der der Wirkstoff nicht im Magen freigegeben wird.

Während sich also die Bemühungen bis zum 19. Jahrhundert vornehmlich auf die industrielle Entwicklung sowie technologische Verbesserung der Arzneiformen konzentrierte, richtete sich die Forschung in der ersten Hälfte des 20. Jahrhunderts vor allem darauf, systematisch neue Wirkstoffe zu finden. Die zunächst an den Universitäten entwickelte chemische Synthese erbrachte einige pharmakologisch wirksame Substanzen. In der Folge wird die organische Chemie dann zur Schlüsseldisziplin in der Entwicklung neuer Pharmaka. Wenig später, etwa nach dem Ende des Ersten Weltkrieges, verlagerte sich die Arzneimittelforschung immer stärker von den Universitäten zu den Laboratorien der chemisch pharmazeutischen Industrie.

Die klassische Arzneimittelforschung geht davon aus, daß man immer mehr neue chemische Substanzen kreiert, die dann einem Screening unterzogen werden. Stellt sich eine Substanz als aktiv heraus, so wird noch eine große Zahl von Derivaten synthetisiert, bis man schließlich den geeigneten Kandidaten gefunden hat, der in einer vom Gesetzgeber festgelegten Entwicklungsanforderung zur Marktreife geführt wird.

Um auf dieser Basis zu einem marktreifen Produkt zu gelangen, liegt die Trefferquote bei 1 zu 10 000, d. h. bei 10 000 Substanzen, die ein Screening durchlaufen, wird wahrscheinlich eine Substanz den Anforderungen entsprechen, um als Arzneimittel entwickelt zu werden. Die Zeiträume, um eine aktive Substanz zu finden, werden in der Screeningphase in der Literatur verschieden angegeben. Sie betrugen zwischen 3 und 10 Jahren. Die Entwicklung eines aktiven Kandidaten dauert bis zur Marktreife noch einmal 7 Jahre.

Die wichtigsten der heute gebräuchlichen Arzneistoffe wurden in den letzten 50 Jahren entwickelt. In diesem Zeitraum wurden der Medizin von der pharmazeutischen Industrie eine große Zahl moderner Arzneimittel zur Verfügung gestellt. Die innovatorische Leistung in den letzten 20–30 Jahren betrifft, um einige wichtige Beispiele zu nennen, neue Antibiotika, Antihypertensiva, wirksame Medikamente gegen den Bluthochdruck, Antidiabetika, Beta-Rezeptorenblocker, Immunsuppressiva zur Vermeidung der Organabstoßungen nach Transplantationen, Steroide – die antientzündlichen und oft lebensrettenden Kortisonpräparate, Zytostatika zur Behandlung von bisher nicht behandelbarer Formen von Krebs, und last but not least die Psychopharmaka.

Das höchste Ziel eines jeden Arzneimittels ist seine Anerkennung und Billigung bei Arzt und Patient. Die Reduzierung der Symptome der Krankheit, die mit einem Minimum an therapeutischen Nebenwirkungen und Belastungen des Patienten erreicht wird, ist ein direktes Maß für die Güte eines Arzneimittels. Diesem Ziel nachzukommen ist oftmals schwer, es zu erreichen ist manchmal unmöglich, da viele wirksame Substanzen eine häufige Anwendung erfordern, mit mehr oder weniger starken Nebenwirkungen verbunden sind und den Arbeits- und Lebensrhythmus des Patienten beeinträchtigen können.

Wie läßt sich dieses Ziel nun erreichen? – dies ist eine berechtigte Frage bzw. eine Herausforderung an die Industrie. Eine dieser Möglichkeiten ist das sogenannte „Drug Targeting". Dieses Konzept ist vom Ansatz der Überlegungen sehr einfach und wurde schon vor mehr als 80 Jahren von Paul Ehrlich beschrieben. Es basiert auf den Beobachtungen, daß die meisten pharmakologisch hochwirksamen Substanzen sowie Medikamente nicht selektiv genug an den Wirkort im Organismus bzw. die Zellen herangebracht werden können. Diese applizierten Substanzen verteilen sich nicht nur im erkrankten sondern auch im gesunden Gewebe, wo es dann zu nicht erwarteten Wirkungen kommen kann. Die Erkenntnis, die Zelle als elementaren Baustein des Organismus aufzufassen, hat zur Folge, daß diese als Elementarsubstrat alles Krankhaften aufgefaßt wird. Diese Erkenntnisse wurden von dem Zellularpathologen Rudolf Virchow der bis dahin bestehenden Auffassung, daß anatomisch faßbare Läsionen allen klinischen Phänomenen vorausgehen, gegenübergestellt.

Unter Targeting versteht man nun das Konzept, die Selektivität der aktiven Substanzen zu erhöhen, jedoch bei gleichzeitiger Senkung der unerwünschten Wirkungen. Ein Träger (der sogenannte Carrier) wird mit dem Wirkstoff verbunden, dieser selbst ist pharmakologisch inaktiv, bringt aber die aktive Substanz selektiv an die Zelle. Wie man sieht, ist das Konzept sehr einfach, es brauchte aber mehr als 50 Jahre, bevor die ersten Versuche gemacht wurden, um die Theorie in die Praxis umzusetzen. Der Carrier soll den Wirkstoff vom Applikationsort bis zur Bestimmungszelle transportieren und mit dieser so selektiv wie möglich reagieren. Die aktive Substanz bleibt so lange pharmakologisch inaktiv wie sie mit dem Carrier verbunden ist, d. h. so lange sie über die Blutbahn, dem intrazellulären Raum bis hin zum Bestimmungsort transportiert wird. Erst nach Aufnahme in die Zelle soll der Wirkstoff freigesetzt werden.

Demnach sind die Kriterien für das „Drug targeting“:

1. Der Carrier sollte so an die Zellmembran gebunden werden, indem er eine Wechselwirkung mit der Bindungsseite der Membran eingeht.
2. Der Carrier sollte durch die lysosomalen Enzyme abgebaut werden und die Substanz innerhalb der Lysosomen freisetzen.
3. Der Carrier sollte schlußendlich immunologisch inaktiv, jedoch für die anatomischen Barrieren permeabel sein, wie z. B. Kapillarwände.
4. Die aktive Substanz muß gegenüber den lysosomalen Enzymen inaktiv sein, sie muß im sauren pH-Bereich nach der Endozytose nicht inaktiviert werden.
5. Die wirksame Substanz muß permeabel nach ihrer Freisetzung vom Carrier für die lysosomale Membran sein und nach der Freisetzung in das extralysosomale Kompartment volle Aktivität entfalten.

Inzwischen wurden verschiedene Klassen von Carriern entwickelt. So erscheinen aus unserer Sicht besonders semisynthetische Phospholipide interessant. Wie wir wissen, sind die Zellmembranen durch verschiedene Phospholipide zusammengesetzt.

Eine ganz elegante Methode ist die Verwendung von monoklonalen Antikörpern. Es ist heute möglich, gentechnologisch die verschiedensten Antikörper zu entwickeln, die mit den Zielzellen an ihrer Oberfläche eine Bindung eingehen können. Es kann soweit gehen, daß der Antikörper – einfach ausgedrückt – die durch die Krankheit veränderte Zelloberfläche erkennt und sich spezifisch diese veränderte Zelle sucht. Durch diese Erkenntnisse ergeben sich neue Ansatzpunkte zur Behandlung von Karzinomen.

In der Frage, wie man zielgerichtet zu neuen Substanzen gelangt, die vor allem die Grundstruktur der Rezeptoren und das Einpassen von Molekülen in diese berücksichtigt, führte zur Anwendung der Computertechnik. Der Computer dient dem Chemiker als Hilfsmittel, schneller zu chemischen Grundstrukturen zu gelangen, die die sterischen Eigenschaften der Rezeptoren berücksichtigen können. Durch die Entwicklung der ungeheuren Stärke der Hardware hat der Chemiker nun die Möglichkeit, die verschiedensten Moleküle zu berechnen und stereochemisch über Graphikprogramme in den Rezeptor einzupassen. Dieser rationale Weg leitet eine neue Ära der interdisziplinären Zusammenarbeit zwischen der biologischen Forschung und eher traditionellen chemischen Pharmaforschung ein.

Die Basis dieser Idee besteht in der Tatsache, daß die verschiedenen Gruppen in ihrer sterischen Anordnung mehr oder weniger wichtig für die Bindung an die Rezeptoren sind. So gibt es Gruppen, die primär bestimmend für die Erkennung der Rezeptoren sind, diese Gruppen sind essentiell für die Aktivität. Nun ist jedoch die dreidimensionale Anordnung dieser Gruppen der kritische Punkt für ihre Aktivität. Eine andere, sehr wichtige Rolle neben der dreidimensionalen Anordnung der Gruppen im Molekül spielen die Abstände, die sie zueinander aufweisen. Diese multidimensionalen Abstände nennt man auch „orientierende Abstände".

Zusammenfassend zur hier befürworteten Strategie kann man feststellen, daß man alle möglichen sterischen Konformationen bestimmt, d. h. es werden alle möglichen Anordnungen einer aktiven Substanz untersucht. Zu diesem Zeitpunkt kann aber die Wirkung der Interaktion mit dem Rezeptor im Hinblick auf Selektivität dieser Kombinationen noch nicht vom Chemiker bzw. Biologen eindeutig bestätigt werden. Hat man ein Molekül so transformiert, daß man seinen sogenannten „orientation pace" gefunden hat, so ist heute der medizinische Chemiker in der Lage, zwischen den verschiedenen Gruppen oder Atomen die mehr oder weniger Bedeutenderen zu verwenden. Im allgemeinen werden die sogenannten „hot spots" wie Heteroatome, pin centers, planare Gruppen verwendet. Wiederum wird der Kandidat durch seine Pharmakophoren bestimmt, welche mit dem Rezeptor eine mögliche Interaktion eingehen. Erst wenn die geeignete Molekülauswahl gefunden worden ist, beginnt der Aufbau einer Synthese.

Vielleicht ergibt sich durch diese Methode eine Möglichkeit der Kontrolle der sogenannten „Cross Reaktivität". Nebenwirkungen sind wahrscheinlich die Hauptbeeinträchtigung der Therapeutika bei ihrer Anwendung. Es ist daher, wie schon eingangs betont wurde, eine wichtige Aufgabe, Nebenwirkungen ganz zu vermeiden, zumindest aber zu reduzieren. Durch Aufbau von Rezeptorbanken und durch immer mehr Wissen über die Spezifität der speziellen Aktivitäten der Moleküle wird man die Chance bekommen, Nebenwirkungen zu vermeiden. „Je klarer wir das Bild vom Schloß haben, umso spezifischer wird es möglich sein, den Schlüssel zu finden" (G. R. Marshall).

Lassen Sie mich anhand eines Beispiels die vorhin dargestellten Arbeitsmethoden kurz erläutern. Die Prostaglandine, die erstmals von Bergström und Mitarbeitern in kristalliner Form dargestellt wurden, geben ein sinnvolles Beispiel. Bei der Biosynthese von Prostaglandinen und Thromboxanen kann man drei aufeinanderfolgende Abschnitte unterscheiden:

1. Bereitstellung von Vorstufen
2. Biosynthese von Prostaglandinendoperoxiden
3. Transformierung der Prostaglandinendoperoxide in die Endprodukte

Direkte Vorstufen von Prostaglandinen und Thromboxanen sind die C-20-Polyenfettsäuren, deren hauptsächlicher Vertreter die Eicosatetraensäure

Arachidonsäure ist. Die Freisetzung von Arachidonsäure aus den Phospholipiden erfolgt durch Phospolipasen, insbesondere durch eine aktivierbare, zelluläre Phospolipase A_2. Die Bildung der Prostaglandinendoperoxide PGG_2 und PGH_2 beginnt beim Vorhandensein freier Arachidonsäure und Kofaktoren mit einer Oxygenierung am C 11, auf die ein Ringschluß mit Bildung eines C-15-Hydroperoxids (PGG_2) folgt. PGG_2 wird in einer anschließenden Peroxidasereaktion in das entsprechende C-15-Hydroperoxidderivat (PHH_2) transformiert. Die Fettsäurecyclooxygenase katalysiert die Einführung der Sauerstoffunktionen an der Substratfettsäure und die Reduktion des Hydroperoxids.

Bei der pharmakologischen Beeinflussung der Synthese Prostaglandin und Thromboxan kann man nach der Wirkungsart der Substanzen drei Angriffspunkte unterscheiden:

1. Interferenz bei der Bereitstellung der Fettsäurevorstufe Arachidonsäure – wie dies durch die Glucocorticoide und Lokalanästhetika geschieht, d.h. durch eine Hemmung der Lipase A_2 Aktivität.
2. Beeinflussung der Prostaglandinendoperoxidbildung, wie dies z. B. durch Hemmung der Cyclooxygenase durch die Substanzen Indometacin und Acetylsalicylsäure geschieht.
3. Beeinflussung der Prostaglandinendoperoxid-Transformation von PGH_2 zu verschiedenartigen Prostanoiden, wie dies durch die Fettsäureperoxide und dem Tranylcypromin geschieht.

Die meisten dieser Substanzen beeinflussen außer dem Arachidonsäurestoffwechsel noch zahlreiche weitere biologische Vorgänge. Dies bedeutet, daß die erwünschte Wirkung von zahlreichen Nebenwirkungen begleitet sein kann.

Nicht nur unter den wissenschaftlichen Aspekten, sondern zur Reduzierung der Nebenwirkungen interessieren immer mehr die spezifischen Wirkungen auf bestimmte Enzyme, wie in unserem Beispiel auf die Thromboxansynthetase bzw. Thromboxan A_2 Antagonisierung des Rezeptors. Durch die selektive Beeinflussung der Thromboxane A_2 Synthese wird die Bildung der übrigen Prostaglandine nicht berücksichtigt.

Die erste Substanz, für die eine Hemmung der Thromboxan-Synthese beschrieben wurde, war Benzydamin. Allerdings hemmt diese Verbindung auch noch die Cyclooxygenase, d.h. die Bildung von PGG_2 und zeigt nur eine geringe Wirkung auf die Thromboxansynthese von Humanthrombozyten. Die heute verwendeten Inhibitoren der Thromboxansynthetase lassen sich in drei verschiedene chemische Gruppen ordnen:

1. Derivate des Pyridins bzw. der Nicotinsäure; zu dieser Gruppe gehört das ältere Nictindol.
2. Derivate des Imidazols, von denen das Dazoxiben zu den wenigen bisher am Menschen untersuchten Verbindungen gehört; sowie

3. Strukturanaloga von Prostaglandinendoperoxiden. Der bekannteste Vertreter dieser Gruppe ist das Pinan-Thromboxan A_2. Pinan-Thromboxan A_2 antagonisert auch die Thromboxanwirkungen.

Auf der Suche nach stärker selektiven, ausschließlich die Thromboxansynthetase inhibierenden Substanzen, haben wir Thiophenderivate des Imidazols synthetisiert.

Zwei Verbindungen, eine unsubstituierte bzw. eine in Position 4 Cl^- substituierte des Thiophenrings, hatten ähnlich wie das bekannte Dazoxiben in vitro eine hohe Wirkung während das nicht-substituierte Imidazol eine nur geringe Wirkung zeigte.

Die endständige Carboxylgruppe am Thiophenring scheint für die Wirkung die wichtigste Gruppe zu sein. Das 1 w-carboxyl-alkyl-substituierte Imidazol scheint für die Selektivität und Wirkungsintensität ausschlaggebend zu sein. Verändert man die Kettenlänge zwischen dem Imidazol und dem Thiophenring durch Verlängerung um nur eine Methylgruppe, so geht die Selektivität und Wirkungsintensität verloren.

Zusammenfassend läßt sich feststellen, daß die pharmakologische und pharmazeutische Forschung die Ursachen von Krankheiten erkennen muß und der klinischen Medizin die Mittel in die Hand gibt, die zu ihrer Beseitigung notwendig sind.

Ethik in der Medizin und Grenzen der Therapie

P. M. Plechl

Als fünfjähriges Kind schnappte meine Mutter einmal auf, wie die Erwachsenen über die Zukunft redeten und jemand fragte, was wohl aus der Kleinen werden sollte – da sagte das Mädchen zielsicher: „Ein Doktor, der die Leute gesund macht."

Das war lang vor dem ersten Weltkrieg und für ein weibliches Wesen einigermaßen ungewöhnlich. Aber ich glaube, bis heute kann kein Ordinarius für Ethik das Grundanliegen des ärztlichen Berufes in aller Schlichtheit treffender formulieren, nicht auf der Basis des Hippokratischen Eides und nicht aus dem christlichen Verständnis der Medizin.

Die schlichte Plausibilität ruft in der Richtungweisung wohl kaum Widerspruch hervor. Aber wie alle einfachen Formulierungen birgt sie die Gefahr der Simplifizierung in sich, einer allzu glatten Vereinfachung, die eine Problemlösung anbietet, ehe – wie im Falle eines fünfjähriges Kindes verständlich, ja rührend – die Probleme überhaupt erkannt sind. Und daß es der Probleme viele gibt, in der Theorie wie der Praxis, zeigt die Geschichte der Medizin und der ihr verwandten Disziplinen ebenso wie Erfahrung des einzelnen, sei er Arzt oder Patient.

„Die Leute", also letztlich alle Menschen, gesund zu machen, ist bereits der erste Punkt, an dem sich die niemals realisierbare Utopie des Anspruchs oder Zieles zeigt. Schon hier sind Grenzen erkennbar, die auch unter optimalen Bedingungen nicht überschreitbar sind. Sie bleiben bestehen, auch wenn man sich, was noch auf sehr lange Sicht illusionär bleiben wird, vorstellt, daß medizinische Versorgung in ausreichendem Maße tatsächlich für alle Menschen dieser Welt gegeben wäre. Auch dann und unter der nicht minder unrealistischen Annahme, daß Dank einem uneingeschränkten Fortschritt keine Krankheit mehr unheilbar sein könnte, gäbe es Unfälle mit Langzeitfolgen, bliebe aber auch die menschliche Unvollkommenheit auf Seiten der Ärzte und ihrer Mitarbeiter bestehen. Sie einzukalkulieren, heißt nicht, Abstriche zu machen von der Idealforderung, sondern eine assymptotische Annäherung anzustreben in allem Realismus und in aller Demut, auf die noch zurückzukommen sein wird.

Vielleicht noch schwieriger erweist sich die Beantwortung der Frage, was „gesund“ eigentlich bedeutet. „Abwesenheit von Krankheit“ ist eine Scheinantwort, die überhaupt nichts aussagt, weil sie einem Zirkelschluß entspringt: Krankheit ist die Abwesenheit von Gesundheit. Die subjektive Feststellung von Wohlbefinden gibt keine brauchbare Auskunft über den tatsächlichen Gesundheitszustand, obwohl im Regelfall Gesundheit dieses Wohlbefinden einschließt. Ist aber nicht gerade im heutigen Verständnis der Medizin die Vorsorge- oder Gesundenuntersuchung ein sehr wesentlicher Teil angewandten ärztlichen Ethos? Würde nicht ein Arzt, der einer Patientin, die regelmäßig zur gynäkologischen Kontrolle kommt, den Rat gäbe: „Sie brauchen erst wiederzukommen, wenn Sie Schmerzen haben“, in hohem Maße unverantwortlich handeln? Und zeigt eine Schmerzreaktion in vielen Fällen nicht erst an, daß der Organismus „gesund reagiert“?

Andererseits wird wohl jeder vom gewissenhaften Arzt verlangen, daß er dem Patienten jeden nur irgendwie vermeidbaren Schmerz erspart. Für den zivilisierten Menschen des zwanzigsten Jahrhunderts ist eine Einstellung unverständlich, von der zumindest vor zwanzig Jahren Missionsärzte noch berichtet haben: Ein Eingriff könne nicht zielführend gewesen sein, wenn der Kranke gar nichts gespürt habe.

Das berühmte Körchen Wahrheit steckt fraglos auch in einer derartigen Haltung: Es ist die Angst vor der Ausschaltung der normalen Reaktion. Darüber, was normal sei, wird freilich zu streiten sein, auch vom Gesichtspunkt des Ethos aus. An dieser Stelle sei ein subjektives Beispiel angeführt: Als „Presse“ die Umstellung auf Computerarbeit vornahm, wurden alle Mitarbeiter von einem Augenarzt untersucht, um später allfällige negative Auswirkungen der Bildschirmtätigkeit festhalten zu können. In meinem Fall konstatierte der Arzt, daß mein Sehvermögen völlig normal sei – auf meine Feststellung, daß ich seit Jahren eine Lesebrille benötigte, kam die lächelnde und durchaus korrekte Antwort: „Sicher, in Ihrem Alter ist das eben normal“.

Ist demnach die Verschreibung einer Brille die Herstellung eines „abnormalen Zustands“, also – extrem formuliert, ein Tun, das dem ärztlichen Ethos widerspricht? Zweifellos nicht. Von der Idealforderung des „Gesundmachens“ ist es dennoch meilenweit entfernt: das Auge ist unverändert, nur seine Leistung wird unterstützt, die Funktionsfähigkeit substituiert, ohne daß eine schädliche Nebenwirkung aufträte. In diesem simplen Beispiel sind zwei Faktoren enthalten, nach denen genauer zu fragen ist: Es sind die Begriffe Leistung und Schädlichkeit.

Unsere Zeit neigt dazu, Gesundheit und Leistung in einem sehr direkten Nahverhältnis zu einander zu sehen: Gesund ist, wer Leistung erbringen kann; körperlich oder seelisch krank, wem diese Fähigkeit abgeht, wobei natürlich im einzelnen dann die Definitionen der Leistungsfähigkeit, nicht zuletzt hinsichtlich ihrer Gesellschaftsbezogenheit, auseinandergehen. Der

„Normalfall“ der erfolgreichen Behandlung besteht also darin, dem Patienten mit der Gesundheit auch die Leistungsfähigkeit zu erhalten beziehungsweise wiederzugeben – eine ärztliche Leistung, gegen die nicht das geringste einzuwenden ist, solange nicht das Leistungskriterium der entscheidende, ja alleinige Maßstab wird. Den Älteren unter uns ist das Wort vom „lebensunwerten Leben“ noch im Ohr, mit dem all jene Menschen bezeichnet wurden, von denen keine Nützlichkeit für die Gemeinschaft zu erwarten war. Die Ablehnung einer solchen Haltung ist heute wohl weitestgehend gegeben, ihre Wurzeln indes sind keineswegs ausgerottet.

Eine solche Wurzel besteht auch dort, wo eine Gesellschaft „sich Ärzte hält“, um die Leistungsfähigkeit ihrer Mitglieder weitestmöglich zu garantieren. Damit ist das primäre Gegenüber des Mediziners nicht der einzelne Mensch, dem er sich verpflichtet fühlt, sondern die Gemeinschaft, definiert als Staat oder Gesellschaft. Die Betonung liegt auf „primär“, denn selbstverständlich ist der Arzt selber ein Glied der Gemeinschaft und daher von seiner Verantwortung ihr gegenüber nicht zu entbinden. Mit vollem Recht weist ja die ärztliche Standesvertretung immer wieder auf die gesellschaftliche Rolle der Ärzte hin, die weit über den unmittelbaren Berufsbereich hinausgeht. Auf eine simple Formel gebracht, bedeutet dies den Anspruch derer, die ihr Leben der Heilung des Menschen widmen, auf Gehör in der Öffentlichkeit, auf die Möglichkeit, auch ihren Beitrag zur Gesundung der gesamten Gesellschaft einzubringen.

Die Fragwürdigkeit beginnt dort, wo diese Gesellschaft Totalitätsansprüche erhebt, sich absolut setzt gegenüber dem Einzelmenschen, was keineswegs nur in den totalitären Staaten – dort freilich am deutlichsten sicht- und spürbar – der Fall ist. Vor die Entscheidung zwischen dem Menschen und dem Staat, dem System oder einer gesellschaftlichen Institution gestellt, wird der Arzt seinem ethischen Selbstverständnis gemäß dem Menschen den Vorrang geben müssen.

Spätestens hier erhebt sich aber auch die Frage, ob „die Medizin“ als Oberbegriff nur die Ärzte umfaßt oder auch alles einschließt, was im engeren oder weiteren Sinn in den Bereich des Gesundheitswesens gehört, in unserem konkreten Fall also auch die Pharmazeuten unter Einbeziehung der gesamten pharmazeutischen Industrie.

Das „Ja“ liegt nahe. Aber man darf sich keinen Illusionen hingeben: Das Verhältnis eines multinationalen Pharmakonzerns zu jedem einzelnen Käufer eines Präparates kann schwerlich dasselbe sein wie das des Arztes zu jedem seiner Patienten (ein solches einmal in seiner heute längst nicht mehr überall möglichen Idealform postuliert). Das bedeutet keine Entlassung aus allen ethischen Forderungen. Keine Betriebs- und Vertriebsstruktur enthebt von der Verpflichtung der Gewissenhaftigkeit, wie sie auch außerhalb des sensiblen Pharmabereichs gilt, nämlich ein bestmögliches Produkt auf den Markt zu bringen, die Käufer über dessen Eigenschaften aufzuklären, keine unberechtigten Erwartungen aufkommen zu lassen oder gar zu fördern, ein adäquates Preis-Kosten-Wertverhältnis einzuhalten und soweiter, alles Dinge, die nur wenig mit Medizin-Ethik im speziellen zu tun haben, wiewohl sie, mutatis mutandis gleicherweise für den Arzt in seiner Eigenschaft als Unternehmer, sprich Wirtschaftstreibender, der er ja auch ist, zu gelten haben. In beiden Fällen wird sich die ethische Forderung nicht auf das Genannte beschränken können, was die Pharma-Industrie betrifft, schon deswegen nicht, weil die Verantwortung mit der Größe des Wirkungsradius zwangsläufig zunimmt. Das Stichwort Contergan mag hier genügen, ohne daß es als Schuldzuweisung mißverstanden werden soll.

Alle Fragen nach der Heilung, also „Gesundmachung" der Menschen, nach der Beseitigung des Schmerzes als Haupt- oder Nebenziel, nach der Steigerung oder Wiederherstellung der Leistungsfähigkeit stellen sich auch den Herstellern der verschiedensten Pharmaka. Die Frage nach dem Preis, der – notabene von anderen – für die durchaus legitimerweise angestrebte Umsatzsteigerung zu zahlen ist, betrifft die Pharma-Industrie stärker als den einzelnen Arzt, dessen „Betriebskapazität" ganz andere Begrenzungen hat, aus der sich Limits für die „Umsatzsteigerung" ergeben – ich hoffe, Sie haben die Anführungszeichen bei beiden Begriffen herausgehört. Vergleichbar ist die Fragestellung für Apotheker, für medizinisches Hilfspersonal, für die Krankenversicherungsträger und Spitalserhalter und sogar, wenn auch in anderem Maßstab, für die „Konsumenten" selbst, also die Patienten wie gegebenenfalls deren Angehörige. Das „mutatis mutandis" hat dabei jeweils seine spezifische Bedeutung. „Ethik in der Medizin" ist also ein Thema, das nicht auf bestimmte Berufsgruppen, nämlich die der unmittelbar mit der Heilkunde aktiv Befaßten, einzuengen ist. In der modernen Informationsgesellschaft – die oft genug „overnewsed but underinformed" ist, wie amerikanische Kommunikationsforscher es mit einem Terminus technicus nennen – kommt Leuten meines Berufsstandes da eine besondere Rolle zu. Sie ist indes das Thema des nächsten Vortrags.

Es ist der Umgang des Menschen mit der körperlichen und seelischen Gesundheit, der eigenen wie der seiner Mitmenschen, dem die Fragestellung nach dem Ethos gilt. Dem Arzt mit der Kompetenz auch die alleinige Verantwortung zuschieben zu wollen, ist ein ebenso ethisch unvertretbares Vorgehen wie es gegeben wäre, würde etwa die Pharma-Industrie uneingeschränkt jedes Gift auf den Markt werfen und sich mit dem Vermerk „Achtung, Gift" zurückziehen auf das (Pseudo)-Bewußtsein, der mündige Konsument solle und könne selber sehen, was er damit anfange: eine Möglichkeit, die ihr freilich schon durch die Gesetzgebung nicht eingeräumt wird.

Die Mündigkeit des Partners und als deren Folge der Respekt vor dessen Entscheidung ist indes eine weitere Frage. Wohl gilt das Prinzip der Achtung vor dem freien Willen des Mitmenschen als eine generelle Maxime, die auch außerhalb der Medizin nicht leichtfertig außer Kraft gesetzt werden kann.

Aber gerade der Arzt weiß um die Einschränkung, der dieser Wille infolge einer Krankheit, vor allem einer psychischen, unterworfen sein kann. Die Grenze zu ziehen, wo er allein die Verantwortung trägt und daraus auch die Alleinverfügung abzuleiten hat, und wo es ein unveräußerliches Menschenrecht auch des Geistesgestörten gibt, das zumindest Mitentscheidung nicht auszuschließen erlaubt, ist oft schwierig. Die Interpretation in manchen diktatorischen Systemen, die besagt, wer sich gegen die betreffende, schlechthin ideale Gesellschaftsordnung stelle, müsse psychisch krank sein, er sei daher einer Behandlung auch gegen seinen Willen zu unterziehen, steht in krassem Widerspruch zum ärztlichen Ethos. Wo aber beginnt unter dem, was wir als „normale Verhältnisse" zu bezeichnen pflegen, das Recht, ja, die Pflicht, einen Kranken vor sich selbst zu schützen – vom Schutz der Mitmenschen gar nicht zu reden?

Und wo hat jene lückenlose Information des Patienten, die als Fundament für seine freie Entscheidung unabdingbar ist, ihre Grenzen? Erst dort, wo das Krankheitsstadium die Entscheidungsfreiheit, besser: die Entscheidungsmöglichkeit, auf ein kaum noch berücksichtigungswürdiges Minimum reduziert hat? Oder schon dort, wo eine Konfrontation mit der bitteren Realität dem Kranken jede Hoffnung nehmen würde? Das ist jener Punkt, an dem die Definition des Arztes und der anderen mit Heilkunst Befaßten, „die Leute gesund zu machen" nicht mehr anwendbar ist. Ihr Dienst ist deswegen weder obsolet geworden, noch von der Verantwortung befreit. Der Patient, der nach menschlichem Ermessen und mit menschlichen Mitteln nie mehr genesen wird, hört nicht auf, Patient und Mitmensch zu sein. Dem Arzt bleibt geboten, den Schmerz zu lindern und den Tod hinauszuschieben – um welchen Preis und bis zu welchem Grad? Hinsichtlich der Schmerzlinderung hat eine so strenge Instanz, wie es Pius XII. war, Entscheidungshilfe geboten: Die Verabreichung schmerzstillender oder -dämpfender Mittel sei auch dann sittlich gerechtfertigt, wenn sie zur Verkürzung des Lebens beitragen könne; diese Verkürzung dürfe aber niemals die Absicht sein. Eine Richtlinie, die dem Arzt jede Überlegung erspart, ist auch dieses Papstwort nicht. Könnte es nicht sein, daß der Arzt den Patienten gut genug kennt, um zu wissen, daß dieser – nehmen wir an, ren Zustand sei nicht die Folge einer Krankheit, die ihn langsam herbeigeführt hat, sondern unfallbedingt – auch um den Preis furchtbarer Schmerzen noch eine Zeitspanne hindurch bei Bewußtsein und im Stande sein wollte zu sprechen und zu hören? Wäre es nicht möglich, daß er von geliebten Menschen Abschied nehmen, ein Unrecht gutmachen, eine schwerwiegende Entscheidung treffen oder sich als Christ auf das Jenseits vorbereiten will? Wie aber ist zu entscheiden, wenn der Arzt den Patienten nicht kennt, ihm aber ein solcher Wunsch von dessen Angehörigen unterbreitet wird? Und wie, wenn die Annahme naheliegt, daß es dabei nicht um einen Wunsch geht, den der Patient ausspräche, wäre er dazu in der Lage, sondern um handfeste materielle Interessen, etwa die

Unterzeichnung eines Testaments? Wie schließlich, wenn eine Verflechtung dieser Gesichtspunkte zumindest möglich sei? Hier ist der Arzt mit seinem Gewissen und, wenn er gläubig ist, mit seinem Gott allein. Er ist es auch, wenn es um die allerletzte Entscheidung geht, vor die ihn die moderne Medizin wohl direkter stellt als dies je möglich gewesen ist. Niemals im Laufe der Jahrtausende war die Medizin mit all ihren Hilfsmitteln in solchem Maße imstande, Leben zu verlängern – aber ohne ihm das geben zu können, was ein menschliches Leben kennzeichnet. Wer die Kirche als moralische Instanz achtet, wird auch hier eine Richtungweisung finden: Alle einschlägigen Aussagen stimmen überein im klaren Nein zur aktiven Sterbehilfe; die passive Sterbehilfe dagegen wird nicht nur nicht verurteilt, sondern als Respekt vor dem Recht auf menschliches Sterben bejaht. „Hilfe beim Sterben, nicht Hilfe zum Sterben“ ist eine Kurzformel, die einleuchtet: Sie bedeutet: Nein zur Euthanasie, übrigens auch dann, wenn sie als Hilfe zum Selbstmord vom Patienten selbst erwünscht wäre, sie enthält ein von vielen Bedingungen abhängiges Ja zum Abstellen von Apparaturen, zum Einstellen jeder Therapie. Zwischen dem und einer Vorgangsweise, die als Unterlassung ärztlicher Hilfeleistung zu klassifizieren ist, liegen Welten. Im konkreten Fall wird die Entscheidung umso schwerer sein, je mehr sich der Arzt dem beruflichen wie dem allgemein menschlichen Ethos, gar dem religiösen, verpflichtet weiß. Und auch hinsichtlich der Euthanasie hat uns die Hitlerzeit wachsamer gemacht.

Der Fortschritt der Wissenschaft hat aber die Frage nach dem „Ende der Therapie“ nicht nur an das Ende des Lebens gestellt, sondern verbindet sie auch mit dessen Anfang. In aller Welt setzen sich Ethikkommissionen mit der In-vitro-Fertilisation auseinander, wird um Gesetzestexte wie um standesethische Positionen gerungen. Die Tatsache, daß es – zumindest hierzulande – um eine sehr geringe Zahl von Fällen geht und sohin kein allgemein gesellschaftliches Problem vorliege, enthebt nicht von dieser Auseinandersetzung. Grundsätze sind unabhängig von der Zahl zu finden, weil ihre Dimensionen nicht die der Quantität ist. Glücklicherweise steht ja auch nicht jeder Arzt konstant vor der Frage, ab welchem Punkt Lebensverlängerung nicht mehr wünschenswert, vielleicht nicht einmal mehr zu verantworten ist, und doch wird er an der Auseinandersetzung damit nicht ganz vorbeikönnen. Zudem ist zumindest nicht auszuschließen, daß jeder Allgemeinpraktiker, erst recht jeder Gynäkologe, eines Tages mit dem Ansinnen konfrontiert wird, eine Klinik oder ein Privatinstitut namhaft zu machen oder zu empfehlen, wo In-vitro-Fertilisationen durchgeführt werden, und bereits die Antwort darauf hat eine ethische Komponente.

Jeder Entscheidung hat hier einmal die Frage voranzugehen, ob die extrakorporale Befruchtung zu definieren ist als eine neue, weitergehende Form der Behandlung von Unfruchtbarkeit oder ob sie etwas prinzipiell anderes darstellt. Letzteres zu bejahen, heißt nicht, darin fälschlicherweise die „Herstellung“ von Menschen zu sehen: Leben entsteht immer noch ausschließlich aus der Verschmelzung einer Samen- mit einer Eizelle und das Kind, das dann zur Welt kommt, ist immer noch ein Kind und kein Homunkulus. Nicht anders als beim im Mutterleib entstandenen Embryo handelt es sich um menschliches Leben vom ersten Augenblick an. Zumindest das kann bei allen Fragen um seine Schutzwürdigkeit, um das Verbot oder die bloße Einschränkung seiner Verfügbarkeit für Experimente nicht außer acht bleiben. Und die Möglichkeit, daß dieses Leben außerhalb des mütterlichen Körpers entsteht und dort auch über einen immer länger werdenden Zeitraum hinweg erhalten werden kann, müßte auch dem medizinischen Laien zeigen, daß es schlicht und einfach Unsinn ist, von einem Embryo als einem bloßen Bestandteil des Mutterkörpers zu reden, den man entfernen kann wie einen Blinddarm, wenn er stört. Die objektive Aufklärung der Öffentlichkeit über diesen Sachverhalt, einschließlich der Wirkung der sogenannten „Pille danach“, ist sehr wohl ein Auftrag des Arztes. Inwieweit diesem Auftrag Rechnung getragen wird, sei dahingestellt. Die Antwort könnte nämlich erschreckenderweise aufzeigen, daß unsere so fortschrittliche und aufgeklärte Gesellschaft in diesem Punkt hinter Hippokrates zurückgefallen ist.

Hinsichtlich der In-vitro-Fertilisation und der Frage nach ihrem Therapie-Charakter kann freilich eingewendet werden, daß hier nicht so sehr ein ärztliches als ein allgemein wissenschaftliches Problem vorliegt: Die alte Kernfrage, ob alles gemacht werden darf, was machbar ist. Diese Feststellung bedeutet keine Ausklammerung des Ärztlichen. Aber besagt sie, zumindest implizit, daß hier tatsächlich eine Grenze der Therapie überschritten ist, ja in anderem Sinne als beim sterbenden Patienten von einem „Ende der Therapie“ gesprochen werden kann? Eine solche Rede wird dann zur blanken Beschönigung, wenn damit gemeint ist, daß Ungeborene, in welchem Stadium auch immer, im Abfalleimer landen oder Gegenstand von Experimenten werden. Ich wage die Behauptung, daß dies auch, wiewohl vielleicht in anderem Maßstab, gilt, wenn diese Experimente nicht der Befriedigung des Forscherdrangs dienen, sondern zur Verbesserung der Chancen im Kampf gegen Krankheiten unternommen werden.

Die Argumentationsbasis ist hier in mancher Beziehung analog zu der bei Menschenversuchen. Nur mit dem Unterschied, daß nach den Schrecken der Konzentrationslager wohl Konsens darüber besteht, daß solche Versuche niemals ohne Zustimmung der Betroffenen nach voller Information erfolgen dürfen, während natürlicherweise eine solche Zustimmung von Ungeborenen ebenso wenig einzuholen ist wie von Säuglingen oder geistig Schwerstbehinderten. Was solche Versuche bei der Entwicklung neuer Heilmittel betrifft, gilt wieder einmal die Feststellung, daß die Verantwortung nicht beim Arzt allein liegt und sich die Medizin mit der Pharmazie in einem Boot befindet. Nicht anders ist es mit dem Zusammenhang zwischen einem allenfalls über das „gesunde Maß" hinaus gesteigerten Medikamentenkonsums und dem Umsatz der Pharma-Industrie einerseits, der Verschreibungspraxis vieler Ärzte andererseits. Das geht bis zur Verabreichung von Tranquilizern oder Aufputschmitteln an streßgeplagte Schulkinder. Hier beginnt sich ein Kreis zu schließen: von der ethisch nicht zu vertretenden Gleichsetzung von Gesundheit mit Leistungsfähigkeit, die in solchen Fällen ad absurdum geführt wird bis zu der nur vermeintlich wertfreien Verfügbarkeit von Medizin im weitesten Sinn des Wortes für Zwecke, die weit entfernt sind vom Ziel des Heilens oder Heilerhaltens. Denn Wertfreiheit kann auch „Freiheit von Werten" im Sinne ihrer generellen Verneinung sein.

Was dahinter steht, kann – es sei ausdrücklich wiederholt: einer Verneinung der Menschenwürde entsprechen, die jedem menschlichen Ethos, weit über die Medizin hinaus, Hohn spricht. Eine ihrer Wurzeln ist jene unheilvolle Hybris, der nur entgegengewirkt werden kann mit einer Haltung, die nicht nur schwer zu verwirklichen ist, sondern symptomatischerweise mit einem Wort bezeichnet wird, das weitgehend außer Kurs gekommen ist: Demut.

Die Untrennbarkeit von Ethos und Demut wäre indes das Thema eines eigenen Referats, eines ganzen Symposions. Und mit Sicherheit sollte da nicht nur ein Journalist am Rednerpult stehen, der einschlägiger Probleme nicht Herr wird: Genausowenig, wie es je einen irdischen Doktor geben wird, der „die Leute gesund macht". Doch diese Erkenntnis ist nicht das Ende, sondern der Anfang der Therapie.

Medizin – Medien – Öffentliche Meinung

J. Kunz

Will man die Wechselbeziehung Medizin – Medien – Öffentliche Meinung erläutern, muß man zunächst die grundsätzliche Problematik unserer Mediengesellschaft ansprechen. Daß wir in einer Mediengesellschaft leben, darf als unbestrittene Tatsache gelten. In dieser Mediengesellschaft tragen Journalisten und Programmacher eine große Verantwortung. Und zwar sowohl in privatwirtschaftlich organisierten als auch in öffentlich-rechtlichen Medienunternehmen, in Zeitungen und Zeitschriften, bei Hörfunk und Fernsehen. Sie entscheiden, welche Themen in welchem Umfang und in welcher Aufbereitung gebracht werden. Das gilt nicht nur für Nachrichten aus dem Bereich der Politik, auch mit der Berichterstattung über Neuigkeiten aus der Welt der Wissenschaft kann man (positiv gesehen) etwas „bewirken" oder (negativ betrachtet) etwas „anrichten". Auf das „Wie" kommt es an. Kurzum: das Selbstverständnis, die journalistische Ethik, sind ebenso angesprochen wie die fachliche Qualifikation der Medienmitarbeiter.

Es gibt viele Versuchungen für die Medienmacher, denen es zu widerstehen gilt. Da ist zum Beispiel die Verlockung für politische Journalisten, neben Legislative, Exekutive und Rechtsprechung die Rolle einer „vierten Gewalt" in Form einer Art oberstes Kontrollorgan zu übernehmen. Eine andere Versuchung für politische Journalisten besteht darin, Ereignisse zu personalisieren und als Form eines medialen Hahnenkampfes zu beschreiben. Das, was die Medien wiedergeben, ist die veröffentlichte Meinung. Und das, was die Menschen tatsächlich glauben, ist die öffentliche Meinung. Oft genug klaffen öffentliche und veröffentlichte Meinung weit auseinander. Etwa dann, wenn man aufgrund der Berichterstattung mancher Medien fix mit einem bestimmten Wahlausgang rechnet, der am Wahlabend in sein Gegenteil verkehrt wird. Soviel zur Abklärung der Begriffe.

In der veröffentlichten Meinung macht uns der überstrapazierte Satz „Bad news are good news" aus der amerikanischen Medienszene auch in Österreich schwer zu schaffen. Der Journalist, gleichgültig, in welchem Medium er arbeitet, hat täglich der Gefahr zu widerstehen, das Negative zu überzeichnen und das Positive zu verdrängen. In den heimischen Medien erfährt man zum Beispiel wesentlich mehr über die Krise einiger weniger verstaatlichter Betriebe als über die vielen Innovationen, die in florierenden Klein- und

Mittelbetrieben entwickelt werden. Und manche der hier Anwesenden werden es schon am eigenen Leib verspürt haben, wie ein ärztliches Mißgeschick oder ein neues Produkt der Pharmaindustrie medial „zerrissen" oder „ausgeschlachtet" werden kann.

Ich könnte als einer, der das journalistische Handwerk von der Pieke auf gelernt hat und gerade deshalb der Medienbranche nicht unkritisch gegenübersteht, noch viele problematische Entwicklungen der Mediengesellschaft aufzeigen. Die Medien haben zur Demokratisierung der Gesellschaft viel beigetragen. In ihrem heutigen Status als Messenmedien können sie dann zu einer echten Gefahr werden, wenn in einer orientierungslosen Gesellschaft orientierungslose Journalisten am Werke sind. Es gilt, gerade in Anbetracht der ungeheuren Bedeutung der modernen Massenmedien die Funktion des aufklärerischen, aber gleichzeitig verantwortungsbewußten Journalismus zu betonen. Information ist nicht eine x-beliebige Ware, sondern ein sensibles Gut, mit dem sorgsam umgegangen werden will. Ich weiß schon, daß sich dieser Satz in einer Zeit des totalen Mediengeschäftes anachronistisch anhört. Wird das Unwesentliche nicht vom Wesentlichen abgesondert, dann erreicht man statt Information Desinformation. Doch wer als Journalist Zusammenhänge erklären und Hintergründe aufhellen soll, muß über das nötige Rüstzeug verfügen. Damit meine ich Bildung und Ausbildung der Medienmacher.

Bei allen Einwänden stimmt aber eines sicher: in der Mediengesellschaft gibt es mehr Transparenz und weniger Kabinettspolitik, mehr Öffentlichkeit und weniger klassischen Lobbyismus. Und das ist – nimmt man alles in allem – doch ein großer gesellschaftlicher Fortschritt. Und jetzt zum eigentlichen Thema.

Betrachtet man das generelle Informationsinteresse der Bevölkerung, wie es durch die monatliche OPTIMA-Untersuchung gemessen wird, so stehen medizinische Fragen und Fragen der Gesundheit mit 41 % an vierter Stelle nach Unterhaltungsmusik, Gartenpflege sowie gut essen und trinken. Dabei wird schon ein Verhaltensmuster der Österreicher offenkundig: sie essen viel und gut (= ungesund) und machen sich erst danach Sorgen über ihre Gesundheit. In diese Analyse kann man den Nikotinkonsum gleich miteinschließen, der bei den Männern auf fast gleichem Niveau bleibt, bei Frauen aber deutlich zunimmt. Aufklärungskampagnen des Gesundheitsministers haben also zumindest bei den immer stärker ins Berufsleben drängenden Frauen wenig Wirkung gezeigt – und dabei stellt sich die Frage nach dem Gesamtklima einer Gesellschaft, das durch die Massenmedien (also die Träger der veröffentlichten Meinung) widergespiegelt wird.

Natürlich kommt den Medien neben ihrer Informations- und Beratungsfunktion auch eine wache Rolle bei der Analyse des Geschehens auf dem Gesundheitssektor zu. So ist etwa die medizinische Versorgung der Bevölkerung ebenso unter die Lupe zu nehmen wie die Frage der Finanzierbarkeit gesundheitlicher Vorsorge-Einrichtungen. Das ist ganz im Sinne des von mir als Positivum erwähnten Mehr an Öffentlichkeit und Transparenz in der Mediengesellschaft zu verstehen.

Mit diesem Mehr an Öffentlichkeit, auch an kritischer Öffentlichkeit, müssen die Wissenschaften, auch die Medizin, hierzulande erst leben lernen. Ich meine damit nicht bloß die Öffentlichkeitsarbeit und ein zeitgemäßes Marketing. Verantwortungsbewußtsein ist nicht nur auf Seiten der Medienmacher notwendig, sondern auch auf Seiten ihrer Partner – in diesem Fall auf Seiten der medizinischen Wissenschaft, der Pharmaindustrie oder auch der Spitalsverwaltungen. Wieviel Desinformation ist schon erzeugt worden durch geschäftstüchtige Propagierung irgendwelcher angeblicher Wundermittel gegen die eine oder andere Todeskrankheit. Wenn dann noch die Boulevardpresse zuschlägt, werden bei Millionen Menschen falsche Hoffnungen geweckt, die nach oft hohen Kosten für die Patienten bald in tiefe Enttäuschung umschlagen müssen. Das Ergebnis ist in jedem Fall ein Rückgang des Vertrauens in die Wissenschaft, wenn nicht sogar ein weiterer Schaden für die eigene Gesundheit. In diesem Bereich kann also viel angerichtet werden – nicht von seriösen Wissenschaftlern, aber von geschäftstüchtigen Propagandisten oder von Journalisten, denen es nicht um die Wahrheit, sondern um den verkaufsträchtigen Aufmacher geht.

Ein aktuelles Beispiel für die Wechselbeziehung Medizin – Medien – Öffentliche Meinung ist die AIDS-Aufklärung. Da AIDS eine Krankheit ist, die man nicht aus heiterem Himmel bekommt, sondern die man sich holt, ist Aufklärung alles. Und diese Aufklärung muß natürlich vor allem über die Medien erfolgen. So weit, so gut. Nur kommt es darauf an, daß mit dieser Aufklärung nicht miese Mediengeschäfte gemacht werden, daß nicht Panikmache an die Stelle von Information tritt. Übrigens kann auch die Verharmlosung zum Zwecke des Geschäftes die Information ersetzen. Ich erinnere an die Propagierung eines angeblichen Mittels gegen AIDS – ich glaube, es handelte sich um nichts anderes als eine Art Erfrischungstuch – in Westösterreich. Desinformationserscheinungen in der medizinischen Berichterstattung können nur dann bekämpft werden, wenn sich die Wissenschaft – und zwar repräsentiert durch ihre besten, seriösesten und daher glaubwürdigsten Exponenten – der Öffentlichkeit stellt. Auf Seiten der Medien aber muß die Wissenschaftsberichterstattung – und das gilt ganz besonders für die österreichische Situation – konsequent verbessert werden.

Daß die Menschen interessiert an qualifizierter Berichterstattung über medizinische Themen sind, kann ich anhand einer Untersuchung im Auftrag der ORF belegen. Im April und Mai dieses Jahres wurde mit einer schriftlichen Zusatzbefragung im Rahmen des monatlichen Infratests, der die Publikumsresonanz der beiden Fernsehprogramme mißt, das Interesse der erwachsenen Fernsehteilnehmer an möglichen Themen für ausführliche Inlandsberichte erhoben. Befragt wurden 904 Personen ab 14 Jahren in Haushalten mit Fernsehgerät.

Die Befragten hatten auf einer Liste von 38 Themen jeweils anzugeben, ob sie sich dafür sehr, etwas, kaum oder überhaupt nicht interessieren.

Am meisten betroffen fühlen sich die Österreicher vom Thema „Gift in der Nahrung“: 59 % der Befragten interessieren sich dafür sehr, weitere 25 % etwas. Frauen interessiert dieses Problem mehr als Männer, ältere Menschen mehr als junge. Das Interesse daran steigt mit Ausbildungsniveau und Einkommenshöhe sukzessive an.

An zweiter Stelle rangiert das Thema „Medizinische Versorgung in Österreich“, für das sich die Hälfte der Befragten sehr und weitere 31 % etwas interessieren. Auch an diesem Thema sind Frauen und ältere Menschen besonders interessiert.

Nach den Themen „Verschwendung öffentlicher Mittel“ und „Waldsterben in Österreich“ rangiert das Interesse an „Problemen kranker Kinder“ an 5. Stelle. 44 % der Österreicher sind an einer ausführlichen Berichterstattung darüber sehr interessiert, weitere 37 % etwas, Frauen sind hier deutlich mehr engagiert als Männer. Altersspezifische Unterschiede gibt es nur insofern, als Teenager sich davon weniger betroffen fühlen. Hingegen ist das Interesse daran schichtspezifisch: die unteren sozialen Schichten (geringeres Einkommen, niedrigerer Bildungsstand) interessieren sich dafür stärker.

Umweltprobleme stehen auf den nächsten Rangplätzen des Interesses: „Abfall- und Müllbeseitigung“, „der Bau von Kraftwerken und der Umweltschutz“ (je 40 % starkes Interesse) und „Fortschritte im Umweltschutz“ (37 % sehr Interessierte). An diesen Fragen sind vor allem die höher Gebildeten stark interessiert. Ebenfalls 37 % sind sehr interessiert an Berichten über „die Bedrohung durch grenznahe Atomkraftwerke im Ausland“.

„Die Gefahren der Krankheit AIDS“ berühren 34 % der Befragten sehr. Frauen sind daran deutlich interessierter als Männer, junge Leute mehr als die Älteren. In diesem Zusammenhang sei erwähnt, daß ein mehrere Hauptabteilungen meiner Intendanz umfassender Programmschwerpunkt zum Thema AIDS-Aufklärung im Fernsehen im Frühjahr 1987 ein ungeheures Publikumsinteresse erzielt hat. So hatte zum Beispiel die Dokumentation „AIDS: echte Gefahren – falsche Ängste“ 1.671.000 Zuseher und erreichte auf der 5-teiligen Benötigungsskala die hervorragende Bewertung von 4,4.

Soziale Fragen, die von der Thematik der medizinischen Betreuung der Bevölkerung nicht zu trennen sind, stoßen naturgemäß ebenfalls auf großes Interesse beim Publikum. Aus der schon mehrmals zitierten Meinungsbefragung im Auftrag des ORF geht hervor, daß je 32 % sehr interessiert sind an Berichten über „die Versorgung mit sozialen Einrichtungen“ und am Thema „Reform der Sozialversicherung“, 28 % am Problem „Armut in Österreich“. An all diesen Fragen sind vor allem die sozial schlechter Gestellten überdurchschnittlich interessiert.

27% zeigen sich sehr interessiert an Berichten über „Tierversuche"; Frauen wesentlich mehr als Männer, Teenager und Senioren mehr als die mittleren Altersgruppen, Personen mit einfacher Ausbildung mehr als Maturanten und Akademiker. Das Thema „Drogenhandel und Drogenkonsum" schließlich interessiert 25% sehr.

Ich glaube, mit diesen wenigen statistischen Zahlen bewiesen zu haben, daß es ein sehr großes Interesse der österreichischen Bevölkerung an umfassender Berichterstattung über Themen aus den Bereichen Medien und Umwelt gibt. Was das Fernsehen des ORF betrifft, so haben wir im neuen Programmschema, das seit Ende September 1987 in Kraft ist, einige wesentliche Akzente in Richtung einer verstärkten einschlägigen Berichterstattung gesetzt — nicht nur wegen des großen Interesses unseres Publikums, sondern auch und vor allem in Erfüllung unseres öffentlich-rechtlichen Programmauftrages.

Das ORF ist im deutschsprachigen Raum die einzige Fernsehanstalt, die neben einer täglichen Rubrik „Wissen aktuell" im Rahmen der „Zeit im Bild 1" und einem neuen monatlichen halbstündigen Magazin „Wissen spezial" am Freitag abend zwei Hauptabendtermine für die Wissenschaft vorgesehen hat. Am Dienstag um 20.15 Uhr in FS 1 sind populärwissenschaftliche Dokumentationen vom Typ der David Attenborough-Reihe „Das erste Paradies" im Programm und am Freitag um 20.15 Uhr gibt es in FS 2 beispielsweise 6 x jährlich die neue medizinische Bildungsserie „Diagnose" von und mit Univ. Prof. Dr. Anton Neumayr. Ich könnte noch viele andere Beispiele dafür anführen, daß in dem neuen Programmschema der Information, der Bildung und der Wissenschaft Vorrang eingeräumt wird. Das unterscheidet den ORF übrigens ganz wesentlich von seiner privatwirtschaftlich organisierten TV-Konkurrenz, die über Kabel und Satellit zum Teil auch in Österreich zu empfangen ist. Das Ziel des kommerziellen Rundfunks (Hörfunk und Fernsehen) ist es eben, möglichst hohe Einschaltquoten mit möglichst billigen Programmen zu erzielen. Schließlich geht es seinen Betreibern vor allem um den Gewinn. Der öffentlich-rechtliche Rundfunk hat dagegen einen klar definierten Programmauftrag, dessen Verwirklichung kosten- und personalintensiv ist. Die Wissenschaft und die Intelligentsia Österreichs müssen also ein Interesse an einer Behauptung des ORF in der Medienlandschaft haben, die Konkurrenzierung unseres Unternehmens durch inländische Kommerzprogramme würde — abgesehen von der wirtschaftlichen Fragwürdigkeit — zu einer geradezu zwangsläufigen Senkung des Niveaus auch in den Programmen des ORF führen.

Mit der neuen Sendereihe „Diagnose" wollen wir neben medizinischen Einzeldokumentationen oder medizinischer Populärberichterstattung im Familienmagazin „Wir" einen neuen Markstein setzen. „Diagnose" soll dazu beitragen, die Angst vor dem Spital und die Scheu vor modernen medizinischen Behandlungsmethoden abzubauen. Die Reihe wird über neue Therapien, aktuelle Forschungsergebnisse und Fortschritte auf dem Gebiet der Medizintechnik informieren. Entsprechend der medizinischen Weiterentwicklung werden bei Univ. Prof. Dr. Neumayr namhafte Vertreter der verschiedensten Fachrichtungen zu Gast sein. In filmischen Beiträgen werden Untersuchungs- und Behandlungsmethoden demonstriert, dabei kommen auch Patienten zu Wort. Vor allem wird in direkter Ansprache des Publikums für Prophylaxe und eine vernünftige Lebensführung geworben. Den Zusehern soll die Einstellung „Vorbeugen ist besser als heilen" vermittelt werden. Gerade aufgrund der modernen medizinischen Forschungsergebnisse ist es ja heute möglich, viele Erkrankungen zu vermeiden. Dem entgegen steht aber meist mangelndes Gesundheitsbewußtsein und fehlendes Wissen um die Zusammenhänge.

Im Fernsehen wird also ein beträchtlicher Schritt in Richtung verbesserter medizinischer Aufklärung, ja Bildung, gesetzt. Die Verbesserung der medizinischen Bildung unserer Bevölkerung, die nachweisbar an seriöser und umfangreicher Information interessiert ist, kann aber nicht von einem Medium allein – in diesem Fall dem Fernsehen – bewerkstelligt werden. Die anderen Medien, vor allem die Zeitungen, sind ebenso gefordert wie die medizinische Wissenschaft, die Standesvertretung der Ärzte oder die Pharmaindustrie.

Es geht nicht um die vordergründige Produktion von veröffentlichter Meinung (schon gar nicht im Sinne von Meinungsmache), sondern um die Vermittlung von Wissen, um Bewußtseinsbildung und somit um die vielzitierte tatsächliche öffentliche Meinung. Vom Gelingen dieses notwendigen und permanenten Prozesses, der in Österreich noch in seinem Anfangsstadium steckt, wird sogar die Wirtschaftspolitik beeinflußt werden. Viele Fehlentwicklungen wie etwa der Medikamentenmißbrauch oder der gelegentlich konstatierte Mißbrauch sozialer Einrichtungen haben ja starke volkswirtschaftliche Konsequenzen. Wenn dieses Symposium dazu beigetragen hat, in diesem Sinne eine neue Partnerschaft zwischen Medizin und Medien zu begründen, um aufklärend die öffentliche Meinung mitzuformen, dann war es zweifellos ein Erfolg.

Diskussion

Diskussionsleiter: Ich möchte den gesamten Themenkreis, den Prof. Forth angesprochen hat, vorneweg diskutieren und dann das Medienthema anschneiden, bzw. den Mißbrauch der Medien, sowohl seitens der Pharmaindustrie, als auch seitens der Medien. Herr Prof. Forth, es hat mir kolossal imponiert, wie sehr Sie den Arzt in den Mittelpunkt, auch im Hinblick der Medikamentierung, gestellt haben. Nähern Sie sich damit nicht dem an, was Prof. Drews gestern gesagt hat, der staatliche Kliniktests verlangte? Denn Sie fordern ja auch, daß der Arzt im Hinblick auf die Arzneimittelwertung viel stärker entscheiden müßte. Aber wie soll er das machen, ohne die entsprechende klinische Hilfe? Wie soll er Medikamente beurteilen, für die ihm noch die empirische Basis, seine eigene praktische Erfahrung fehlt, wie soll das ablaufen?

Forth: Darf ich die Antwort in zwei Teile gliedern? Das erste ist folgendes: Ich möchte mit dieser Bemerkung, die Sie jetzt präzisiert haben, nicht den Eindruck erwecken, daß wir etwa auf die Spontanmeldungen verzichten können, die Herr Moebius gestern in den Mittelpunkt seines Referates gestellt hat. Wir brauchen sicherlich die Spontanmeldungen, schon alleine wegen der Geschwindigkeit, mit der man glasklar feststellen kann, über ein Land verteilt, wo unerwünschte Nebenwirkungen auftreten können und brauchen deswegen auch den pharmakologisch, pharmatherapeutisch vorgebildeten Arzt. Das ist das erste. Die Spontanmeldungen setzen uns aber nicht außerhalb der Verpflichtung, den einzelnen Dingen nachzugehen, um Erkenntnisse zu gewinnen. Erstens festzustellen, ob es primär stoffbezogene Wirkungen sind, oder ob sie anwendungsbezogen, das heißt Fehlanwendungen von Arzneimitteln sind, was sehr oft einfach unter den Tisch gekehrt wird. Dazu habe ich gestern schon Stellung genommen. Deswegen plädiere ich dafür, daß wir so etwas wie Referenzkliniken haben, das müssen nicht nur Referenzkliniken aus dem Bereich der Universitätskliniken sein, bloß ist dort das Bildungspotential wohl am größten. Ich träume aber auch davon, daß wir größere Landeskrankenhäuser haben, in denen dann pharmakotherapeutisch gebildete Ärzte tätig sind, die das natürlich flächendeckend genauso gut machen können. Das ist der erste Teil der Antwort. Die zweite Antwort richtet sich auf eine Schwäche in diesem System, die ich nicht verkennen will, das ist der „lack", das heißt das Informationsdefizit zwischen

Einführung und Erfahrung des Arztes. Die Industrie hat immer aufgrund der Untersuchungen des Arzneimittels einen gewissen Wissensvorsprung. Diesen gewissen Wissensvorsprung versucht sie natürlich durch Information an den Arzt weiterzubringen. Aber jeder Arzt, der ein neues Mittel zum ersten Mal in der Hand hat, hat trotz der Einsicht in die verschiedenen Unterlagen präklinische Untersuchungen dann so gut wie nicht gelesen – auch das wird sich ändern müssen. Ich meine, Unterlagen der präklinischen und klinischen Untersuchungen, nicht die Kenntnisse im Umgang mit dem Arzneimittel. Und das wird bedeuten, daß wir, mindestens in der Einführungsphase, so etwas wie eine Phase 4 einführen müssen, eine begleitende Überprüfung der Wirkungen, der unerwünschten Nebenwirkungen von Arzneimittel, beispielsweise an solchen Referenzkliniken – ich hätte keine Schwierigkeiten, auch niedergelassene Ärzte mit einer besonderen Vorbildung in diesem Zusammenhang in die begleitende Überprüfung miteinzubeziehen.

Ferber: Ich hätte dazu gern noch einen Gesichtspunkt eingebracht. Wir sprechen zwar immer von den Nebenwirkungen, die gesehen worden sind und die eventuell der Industrie zu Lasten gehen oder zu Lasten des behandelnden Arztes, wenn er in der Verschreibung also zu leichtsinnig war. Aber gibt es nicht auch den anderen Aspekt, den die Heidelberger Gruppe, die Klinische Pharmakologie in Heidelberg, sehr genau untersucht hat, nämlich die Patienten-Compliance, die wir immer vergessen? Wenn ein Präparat, das zweimal oder dreimal am Tag gegeben wird, vom vergeßlichen Patienten am Abend als Gesamtdosis genommen wird, dann gibt es diese Nebenwirkungen. Ich glaube, dieser Aspekt ist in der ganzen Diskussion etwas in den Hintergrund getreten. Die klinischen Studien an und für sich, wo man jedem einzelnen Detail nachgeht, sind etwas völlig anderes als die Verhältnisse in der Praxis.

Forth: Ein Satz dazu. Die Compliance ist so gut wie die Aufklärung des Patienten durch den Arzt.

Diskussionsleiter: Ich nehme an, Dr. Martin, daß Ihnen diese Ansicht des Prof. Forth eigentlich gefallen müßte, oder?

Martin: Grundsätzlich ja, ich glaube natürlich auch, daß das Vertrauensverhältnis zum Arzt eine entscheidende Rolle spielt. Was für mich bei Prof. Forth schwierig war, ist, daß hier einerseits ein Idealtypus von einem Arzt entworfen wird, von einem Arzt, der sich wirklich informiert, der tatsächlich sehr gewissenhaft verschreibt, und der sich tatsächlich die Zeit nimmt und auch den Zugang zu den entsprechenden Informationen hat. Auf der anderen Seite – und daraus haben Sie abgeleitet, muß eben die individuelle Therapiefreiheit gewährleistet sein. Wenn ich das mit der Realität konfrontiere, muß ich eben sagen, daß die Ärzte aber dann ziemlich wenig phantasievoll sind. Es zeigt sich, daß sie sich auf ganz wenige Produkte, die entsprechend beworben werden, immer wieder einschwören lassen und dann kam bei ihnen quasi die Wende hinzu, die Tatsache, daß es sehr wohl Richtlinien gibt, drug evaluations, wie Sie sie genannt haben, die quasi Erfahrungswissen bündeln und als Orientierungshilfe gelten können. Für mich ist da aber ein Widerspruch: Wie können Sie dann Positiv-Negativ-Listen ablehnen, wenn Sie sich die Realität des bundesdeutschen und wohl auch des österreichischen Arzneimittelmarktes ansehen? Da ist doch soviel Schrott dabei, und wenn ich jetzt das Lehrbuch lese, muß ich sogar sagen, da habe ich Anhaltspunkte, diesen Markt auszumisten.

Forth: Sie haben das Lehrbuch mit Vernunft und offensichtlich intensiv gelesen. Die Möglichkeiten, die man als Lehrbuchschreiber hat, bestehen auch darin, bestimmte Dinge wegzulassen. Das braucht man nicht weiter auszuführen. Nun unterweisen wir natürlich Studenten, die am Anfang ihrer Ausbildung stehen und müssen denen ein Grundskelett von dem, was ich systematische Arzneimitteltherapie nenne, mit auf den Weg geben. Nun wissen Sie, daß ich an einigen Stellen gegen die berühmten 400 Arzneimittel, mit denen man auskommen kann, zu Felde gezogen bin. Man kann das sicherlich in hochindustrialisierten, hochentwickelten Staaten nicht so sehen, das ist das Minimum, mit denen der Arzt umgehen kann. Trotzdem würde ich sagen – und da gucke ich jetzt etwas hilfesuchend an den Internisten hier im Saal – man könnte sich wahrscheinlich auf eine Zahl von essentiellen Arzneistoffen, auch im internistischen Bereich, weitgehend einigen, mit denen ein Arzt umgehen kann. Es werden nicht viel mehr als tausend sein, die er aber dann kennen muß. Nun haben Sie einen Widerspruch in meinen Ausführungen gesehen, und ich geben Ihnen offen zu bedenken, daß ich einen Idealfall geschildert habe, wie ich mir den Arzt der Zukunft unter optimalen Bedingungen vorstelle. Aber ich habe Ihnen auch das Instrumentarium geschildert. Wie dies realisiert werden kann, was viele Leute für zu idealistisch halten, ich weiß das. Das Instrumentarium heißt: Erstens die kooperative Disziplin der Ärzteschaft und zweitens die Delegation von Kompetenz an die Fachkompetenten. Diese beiden Dinge müssen ineinandergreifen, und das haben die Amerikaner ja in ihrem Drug Evaluation-Buch geschafft, indem sie die Fachgesellschaften mit der Aufgabe betreut haben. Das sind Tausend von Fachärzten, die in diese Bewertung miteinbezogen gewesen sind, die ja nicht in einem Jahr erstellt wurde, sondern, so weit ich zurückblicken kann, geht das jetzt über dreißig Jahre. Diese Fachgesellschaften haben Gremien gebildet, in denen die einzelnen Therapieformen auf den Prüfstand gestellt wurden. Bei den Chirurgen ist das nebenbei bemerkt, glaube ich, eine gute Prüfung und eine gute Übung, auch bei den

Strahlenmedizinern ist das eine gute Prüfung, daß therapeutische Maßnahmen im Therapievergleich, vor allem dort, wo es Alternativen gibt, im individuellen Therapievergleich gegenüber den Alternativen bewertet werden. Ich kann mir überhaupt nicht vorstellen, daß jemand dagegen auftritt, mit dem Argument, dies sei nicht möglich. Der grobe Rechen – und da will ich Ihnen auch die Antwort nicht schuldig bleiben, Herr Dr. Martin – der grobe Rechen von Negativ- und Positivlisten ist mir einfach für den Individualverkehr des Arztes mit seinen Patienten nicht geeignet. Es ergibt eine ganze Reihe von Differentialindikationen für Medikamente. Ich muß mal das eine, mal das andere nehmen. Was in diesen Negativ- und Positivlisten überhaupt nicht zum Tragen kommt. Es würde jetzt zu weit führen, wenn ich Ihnen Beispiele dafür gebe, weil ich bin auch bei der Analgetikadiskussion etwas anderer Meinung als Sie. Ich könnte das dort ganz im Einzelfall belegen, daß es Situationen gibt, Menschen, auch Risikogruppen, bei denen Sie unter keinen Umständen als Monopräparat Acetylsalicylsäure geben können und ich kann Ihnen genauso sagen, daß es welche gibt, bei denen Sie mit dem Paracetamol nicht zurande kommen. Und dann sage ich Ihnen ganz offen, daß ich die Metamezoldiskussion für überzogen gehalten habe, denn das Metamezol ist in diesen Fällen die einzige Alternative, die ich habe. Nur, Herr Dr. Martin, Stellenwerte der Schmerzbefreiung: Wenn Sie mit mir einmal eine Nutzen-Risiko-Diskussion darüber führen wollen, was es bedeutet, daß ich keine Schmerzen mehr habe und dies dann noch in Maß und Zahl übersetze, dann werden Sie sehen, wo die Grenzen sind. Und wo ich eine Negativ- und eine Positivliste von einer Krankenkasse nicht akzeptiere.

Deutsch: Ich glaube, daß jeder Arzt ein gewisses Repertoire an Medikamenten hat, mit denen er sich gut auskennt und von denen er genau weiß, wie er sie anwenden muß und wo Schädlichkeitsmöglichkeiten vorhanden sind. Das ist gar keine Frage. Ich glaube aber, daß sich der Arzt sehr überlegen muß, wenn er von einem erprobten, von ihm gut beherrschten Medikament auf ein anderes übergeht. Ob das jetzt ein neues ist, oder ein altes, das ist seine Frage. Das muß er entscheiden. Da muß er sich sehr genau orientieren. Und ich glaube, das etwas sehr schlecht ist, was ich immer wieder bei Praktikern sehe – wenn sie ein vollkommen neues Medikament jetzt plötzlich den Patienten geben, das sie noch kaum kennen, oder gerade aus der Beurteilung her wissen, obwohl noch gar keine praktische Erfahrung da ist. Das nächste Mal kommt der Patient wiederum nach drei Monaten zur Kontrolle, und dann erhält er wieder ein anderes, ganz neues Präparat. Das ist sicherlich nicht ganz das richtige Vorgehen. Das ist es ja auch, was angeprangert wird, daß eben je nachdem, was gerade propagiert wird, der Arzt von einem Medikament zum anderen überspringt. Das ist sicherlich kein richtiger Weg. Aber ich glaube eben schon, daß ein jeder Arzt sich ein gewisses Repertoire an Medikamenten für die einzelnen Indikationen erarbeiten muß und daß er dieses verwenden soll. Und er ist wahrscheinlich mit seinem älteren Medikament, mit dem er gute Erfahrungen hat, besser dran als mit einem neuen, mit dem er noch keine Erfahrung hat. Das ist sicher eine Sache, die jeder Arzt selbst überlegen muß. Die Information ist wichtig, und ich glaube schon, daß die Industrie die neuen Präparate dem Arzt anbieten soll, mit einer entsprechenden umfassenden Information. Ich glaube aber auch, daß der Arzt kritisch sein soll und er es sich sehr überlegen muß, ob er ein neues Medikament mit heranzieht oder nicht. Auf der anderen Seite wird er immer wieder Fälle haben, bei denen er mit seinen üblichen Medikamenten nicht weiterkommt. Dann ist er gezwungen, zu einem neuen Medikament überzugehen.

Diskussionsleiter: Ich danke wirklich sehr für diese Stellungnahme von ärztlicher Seite. Was mich als Laien und Journalisten betroffen gemacht hat, war hier etwas, das Prof. Forth in seinem Vortrag angerissen hat: Nämlich der Hinweis auf die offenkundige Schwäche der Therapielehre bei der universitären Ausbildung. Wie steht es damit in Österreich? Möchte jemand aus dem Plenum dazu etwas sagen?

N. N. (Pharmakologe): Ich glaube, die Schwierigkeit ist, die Pharmakologie in die Klinik zu integrieren. Alle Pharmakologen bringen in vernünftiger Weise die Wirkung der Arzneimittel den Studenten nahe, alle hier in Österreich lehren große Zurückhaltung und Kritik bei der Anwendung von Arzneimitteln. Aber das Problem ist, die Übertragung dieser wie eine Szene gestellten Unterrichtserfordernisse in die Klinik zu integrieren. Es gibt in Österreich keine klinische Pharmakologie in dem Sinne institutionalisiert als Lehrstuhl. Es gibt eine Abteilung hier in Wien, in Deutschland ist die Situation auch nicht viel besser. Ich glaube, es müßte hier auch die Kommunikation und das Verständnis zwischen dem Pharmakologen und das Verständnis zwischen dem Pharmakologen und dem Kliniker gefördert werden, so daß eine gegenseitige Vertrauensstellung da ist. Dann könnte das, was im pharmakologischen Unterricht gewissermaßen paradigmatisch geboten wird, in der Klinik die Anwendung finden. Aber das Wesentliche wäre auch hier das gegenseitige Vertrauen der Klinikchefs zur Pharmakologie. Es gibt gewisse Fächer, in denen die Pharmakologie in die Klinik integriert ist, zum Beispiel in der Anästhesiologie, das ist wirklich angewandte Pharmakologie, zu einem großen Teil. Vielleicht auch speziell in der Endokrinologie. Aber in anderen großen Bereichen existiert die Kluft zwischen dem paradigmatischen Unterricht in der Pharmakologie und der Anwendung in der Klinik.

Forth: Die Situation in Deutschland ist in der Tat schlechter, und ich muß vielleicht sagen, daß wir dies einem WHO-Papier verdanken, das in vernünftiger Absicht, aber mit verheerenden Folgen unter das medizinische sachverständliche Volk gekommen ist. Ich meine die Installation von Bettenstationen im Bereich der klinischen Pharmakologie. Dies war der schlechteste Weg und erwies sich als undurchführbar. Heute bin ich schon sehr zufrieden, daß die Pharmakologen in die Klinik Eingang finden. Viele unserer habilitierten Mitarbeiter verschwinden in den Kliniken, weil wir einfach keine Stellen haben und dies ist eine gute Tendenz. Die verschwinden auch nicht nur in den Universitätskliniken, also in den medizinischen Kliniken, sondern sie gehen auch in die Landeskrankenhäuser, nehmen dort Oberarzt- oder auch Abteilungsarzt-Positionen ein, und diese Tendenz würde mir reichen. Ich sage Ihnen das ganz offen. Ich würde nicht mehr Grabenkriege mit den klinischen Fächern, vor allem nicht mit der Inneren Medizin führen wollen, um die Präponderanz des Einflusses in der klinischen Pharmakologie. Wichtig ist, daß Sachverstand der Pharmakologie Eingang in die Klinik findet. Daß dort eine Therapie systematisch gelehrt wird. Und das müssen wir über die Approbationsordnung in den Lehrkatalog hineinbringen. Das ist unsere Schwierigkeit.

Deutsch: Ich habe durch zwei Semester den Studenten angeboten, daß nach meiner Hauptvorlesung der klinische Pharmakologe einmal in der Woche über jene Medikamente spricht, die zu diesem Thema gehören. Es ist kein Student hingegangen.

Diskussionsleiter: Ist dies ein allgemeines Problem?

Forth: Ja. Man kann nicht daran vorbeigehen, daß wir immer wieder dieses Eisen schmieden und unseren Behörden nahelegen, daß es ohne die systematische Therapie nicht geht, wie Sie bei Ihnen, Herr Deutsch, Eingang gefunden hat. Sie sind ja einer der wenigen, der eine klinische Pharmakologie-Abteilung in der Klinik beherbergt. Das wir dies verankern, auch in der Approbationsordnung – ich weiß nicht, wie das in Ihrem Lande heißt, es gibt sicherlich ein Pendant –, das ist notwendig. Und erst dann wird man auch die Studenten dazu bewegen, wenn es eine Pflichtveranstaltung mit Schein und allem drum und dran ist.

Diskussionsleiter: Meine Damen und Herren, ich glaube, nun ist der Zeitpunkt gekommen, wo wir einen Zielwechsel vornehmen sollten. Nämlich auf uns Medienleute und vice versa damit auch unsere Repliken. Mit Ihrem Einverständnis stelle ich eine einfache Frage zunächst an Dr. Martin, weil es da, glaube ich, auch verschiedene Auffassungen gibt. Wie sehen Sie eigentlich die Wirkung Ihres Buches „Bittere Pillen"? Hat das nur Auflage bedeutet, hat es eine Verhaltensänderung bei den möglichen Patienten bewirkt, beim Einnehmen der Pillen, wie sehen Sie das?

Martin: Ich glaube, man muß sehr stark differenzieren zwischen der Bundesrepublik und Österreich. Auch wenn mir das etwas schwerfällt, aus persönlichen Gründen. Wir haben gerade an der 50. Neuauflage gearbeitet, die in Kürze ansteht, und dabei eigentlich Erfahrungen gemacht, die uns sehr ermutigt haben. Weil wir gesehen haben, daß man im Vergleich zum Beginn des Buches und dann bei der großen Neubearbeitung wichtige Teile, wo wir besonders hart kritisiert haben, auf Anraten unserer wissenschaftlichen Berater – einer davon war ja auch ein Kollege von Prof. Forth in München –, wo wir also besonders scharfe Kritik geäußert haben, dort kann man feststellen, daß man diese Teile mittlerweile schon in der Vergangenheitsform schreiben kann, oder komplett herausnehmen. Im Bereich der Rheumamittel ist viel geschehen, im Bereich der Schmerzmittel ist viel geschehen, im Bereich der unseligen Kombinationspräparate mit den bekannten positiven Ausnahmen ist viel geschehen, und alles ist eigentlich in die Richtung gegangen, die in internationalen Quellen schon vorgegeben war, als wir dieses Buch zusammengestellt haben. Und da wundert man sich natürlich dann im nachhinein schon über diese gehässige Form der Kritik, wie sie vorgebracht wurde, als es zum ersten Mal erschienen ist. Auf der anderen Seite, glaube ich, kann man sich auch freuen, ohne daß man sagen kann, daß das jetzt der monocausale Erfolg dieses Buches sei. Es hat einfach sehr viel ineinander gegriffen, die Behörden sind etwas aufmerksamer geworden, Erfahrungen von Patienten sind noch manifester geworden und ich glaube schon, die Medien insgesamt, die so einen band waggon-Effekt erzielt haben, die sich auf das Thema teilweise ein, zwei Jahre lang gestürzt haben, haben da einiges in Schwung gebracht. Das stimmt uns eigentlich optimistisch. Doch das gilt fast ausschließlich nur für die Bundesrepublik Deutschland. In Österreich bewegt sich der Markt wesentlich schwerfälliger. Wir sind – und da bin ich schon wieder im Glashaus – nicht mehr in der Lage, irgendwelche Verkaufsziffern nennen zu dürfen, weil uns da die privaten Firmen mit sehr, sehr hohen Strafen gedroht haben. Anders als in den USA kann ich Ihnen aber keinerlei Auskünfte zu einzelnen Medikamenten mehr geben.

Diskussionsleiter: Somit sind wir beim Glas, in jeder Hinsicht ... Dazu bitte Stimmen, vor allem aus Österreich.

Peroutka (Pharmig-Vereinigung Pharmazeutischer Unternehmen): Ich möchte Herrn Dr. Martin ansprechen, aber auch Frau Dr. Plechl. Wir sind froh, Herr Dr. Martin, daß Sie mit Ihrer Kritik, aber auch mit dem Engagement der anderen Journalisten uns helfen, im Bereich der Kommunikation unser blindes Fenster kleiner zu machen. Denn Sie kennen ja den alten Satz in der Kommunikation: „Gesagt ist nicht gehört, gehört ist nicht verstanden und verstanden ist nicht einverstanden". Wenn Sie, wie auch wir, den mündigen Patienten ansprechen, dann ist er das, wie es auch Sie, Frau Dr. Plechl, in Ihrem Referat getan haben, nur unter der Verwendung von Gänsefüßchen. Ist der Patient wirklich mündig? Und da haben Herr Dr. Martin und die Pharma-Industrie mit ihren Erzeugnissen beide ein gleichartiges Dilemma und ein gleichartiges Problem. Was passiert, wenn Ihr Buch „Bittere Pillen" von Lesern als Alibi genommen wird, als Vorwand, um zu den von Ihnen mit Recht kritisierten unzweckmäßigen Alternativen umzusteigen oder gar die Arzneimittelcompliance zu verschlechtern? Es war ja nicht das Ziel Ihres Buches, den Nutzen des Arzneimittels herabzusetzen und die Behandlung, eine sinnvolle, wissenschaftlich überprüfte Behandlung des Patienten zu unterlaufen. Sie haben eine andere Zielsetzung gehabt, eine positive. Die Pharma-Wirtschaft bringt auch nützliche Arzneimittel für den Gebrauch des Patienten. Und jetzt stehen wir vor dem Dilemma: Es gibt einige wenige, die Arzneimittel mißbrauchen. Und wo würden Sie jetzt die Grenze setzen und sagen: Wann überwiegt der Mißbrauch so, daß wir die Berechtigung haben, denjenigen, die ein nützliches Medikament brauchen, dieses wegzunehmen und nicht mehr zur Verfügung zu stellen? Wo wäre bei Ihnen die Grenze zu setzen, wenn Sie feststellen, daß Ihr Buch mißbräuchlich interpretiert wird, wo würden Sie sagen: Jetzt ziehe ich meine Auflage vom Markt zurück? Wir haben beide das gleiche Dilemma. Ich sehe für mich und für viele aus der Branche keinen klaren Parameter, hier eine Grenze abzustecken.

Martin: Zunächst einmal muß ich sagen, daß mich der erste Teil Ihrer Wortmeldung sehr verblüfft hat. Ich war bisher nicht gewohnt, so ein Einverständnis eines Pharma-Dachverbandvertreters zu hören, da habe ich ganz anderes zu hören gekriegt.

Diskussionsleiter: Also doch Klimaveränderung auch in Österreich?

Martin: Schaut so aus. Und ich glaube, daß es tatsächlich einen Bereich gibt, an den ich damals eigentlich nicht gedacht habe, als wir das Buch geschrieben haben, wo wir doch an einem gemeinsamen Strang ziehen. Weil natürlich Hersteller von seriösen, gut erprobten Arzneimitteln à la longue ein ähnliches Interesse haben wie wir. Unser Problem, mit dem wir ständig konfrontiert waren, war, daß man geglaubt hat, das Buch sei das, für das man es genommen hat, weil man mit irgend jemand gesprochen hat. Konkret heißt das, man hat das Buch überhaupt nicht gelesen. Man hat sich damit gar nicht auseinandergesetzt. Man hat nur irgend eine öffentliche Äußerung eines Patienten genommen und gesagt: „Der kommt zu mir und sagt, ich darf das nicht. Was stellen Sie mit diesem Patienten an? Ihr Buch ist schlecht." Jetzt stelle ich fest, daß also auch hier offenbar die Entwicklung weitergegangen ist. Es gibt eine andere Tendenz, die uns sehr stark aufgefallen ist. Weil ja doch das Buch weitergelesen wird und wir da aus einer Erhebung wissen, daß mittlerweile mehr als 50 % der Neukäufer in der Bundesrepublik Ärzte sind oder aus dem ärztlichen Nahebereich kommen, also Studenten sind. Es ist somit eine andere Akzeptanz da. Das finde ich schön, das finde ich gut und nun kommen wir zum Problem – aber in der Zwischenzeit ist noch viel, viel Schlimmeres passiert. Es passiert zusehend Schlimmeres. Sicherlich bin ich da durch einen soeben abgeschlossenen, mehrmonatigen USA-Aufenthalt geprägt. Dort konnte ich mich ein bißchen mit diesem Bereich beschäftigen. In den USA erfolgt der Wechsel teilweise mit fliegenden Fahnen ins andere Lager, was unter dem Strich sicherlich nicht besser ist, als das, was bisher war. In Kalifornien ist das sicherlich am erschreckendsten. Und da ist die Frage, was kann man machen? Ich glaube, daß dieses Reinprügeln auf die kritischen Wissenschaftler der Industrie sehr geschadet hat. Im Umweltbereich genauso, wie im Pharmabereich. Ich bin kein Sozialpartner und kein Politiker, der hier sitzt und sagt, so müssen wir uns zusammensetzen. Aber ich habe es auch im Referat schon gesagt, ich glaube, daß allein dieser Dialog, wie er hier jetzt stattfindet, etwas Positives ist. Wo ich mich dann aber sehr schwer tue bei Ihnen, ist das Folgende: Wo beginnt der Mißbrauch und wo muß die Industrie dann etwas zurücknehmen? Wenn ich mir einfach immer noch konkrete Werbeaussagen, konkretes Lobbying von Firmen anschaue, wo bis zum letzten gekämpft wird, um Präparate am Markt zu halten, die international wirklich schon unten durch sind? Also da glaube ich, da sind einfach die Gewichte etwas ungleich verlagert. Man macht wirklich nur aus kommerziellen Erwägungen einen Einspruch, um sich vor der Rezeptpflicht zu schützen. Ich stimme auch überein, obwohl ich selber nicht Arzt bin, aber nach einigen Jahren der Beschäftigung mit diesem Thema, daß es sicherlich auch Indikationen für Metamizol gibt. Aber es ist immer die Frage, welche und bei wem und es mag unter Umständen Indikationen für Phenazetin geben, aber sicherlich nicht in dem Maß und dem Umfang, wie das angewendet worden ist. Für uns stellt sich die Frage deshalb ein bißchen anders: Wann würden wir das Buch vom Markt nehmen? Wir haben das Buch immer wieder verändert. Wir haben zum Beispiel, als wir gemerkt haben, die Leute lesen überhaupt nur die Zeile im Absatz X, zu einer einzelnen Medikamentenempfehlung im Buch jetzt immer einen Verweis auf das gesamte Medikamentenkapitel davor hinzugefügt. Das ist eine rein technische Frage. Wir versuchen auch in Diskussionen zum Umgang mit dem Buch weiter hin zu führen und da glaube ich, liegt der entscheidende Unterschied. Die Pharma-Industrie hat wirklich noch immer eine Reihe von unheimlich miesen Produkten im Handel, die sich einfach auch nicht verbessern lassen. Phenazetin bleibt Phenazetin. Das Buch läßt sich verändern und insofern hat sich die Frage, ob wir es vom Markt nehmen müssen, für uns nie gestellt.

N. N.: Sie vollziehen eigentlich das nach, was wir mit unseren Gebrauchsinformationen schon längst gemacht haben, nämlich: Phenazetin – kurzzeitige Einnahme – Arzt aufsuchen. Wir haben somit das Problem, daß die ergänzenden Bemerkungen, diese ausführlichen Schilderungen eben nicht die Akzeptanz der Verwender finden, nicht die Akzeptanz der Verwender Ihres Buches. Sie lesen „Absetzen", aber das unten lesen sie nicht. Beim Medikament sind es die Beipackzettel. Sie lesen: „Wirkt gegen Schmerzen" und nehmen es jahrelang. Wie ist das Problem zu lösen?

Diskussionsleiter: Das ist aber ein Argument, das eigentlich für die Medien spricht. Denn wenn die Patienten es nicht in der Beipackfassung lesen, müsen ihnen diese Informationen eben in anderer Form dargeboten werden.

Pittner: Ich bin Direktor der Pharmakologischen Bundesanstalt in Wien, also bei der österreichischen Zulassungsbehörde und war vorher 14 Jahre Pharmakologe bei der Chemie Linz. Aus dieser Funktion her muß ich dem Märchen des Herrn Dr. Martin widersprechen. Es ist hier der Betablocker Selectol der Chemie Linz inkriminiert worden. Ich gebe zu, es ist ein Betablocker, aber unter den 25 Betablockern ist er einer der verträglichsten und nebenwirkungsärmsten. Und damit stehe nicht nur ich als Vater des Selectol allein mit meiner Meinung, sondern ich konnte dabei sein, wie wir dieses Produkt in den beiden größten Märkten der Welt, USA und Japan lizenziert haben. Es sollte uns nichts Schlechteres passieren, als daß nach einem österreichischen Produkt Interesse auf der ganzen Welt besteht.

Diskussionsleiter: Das ist ja ein Grundproblem: unterschiedliche Lizenzierungen in den einzelnen Ländern.

Ferber: Ich möchte nur kurz Stellung nehmen zu dem Märchen, wie es zu der Idee kam, bei der Chemie Linz einen Betablocker zu entwickeln. Ich bin noch nicht so lange bei der Chemie Linz und leite auch nicht so lange die Forschung. Aber wenn Sie zurückgehen, wann mit diesem Produkt begonnen worden ist, ist es unmöglich, daß sich jemand hingesetzt hat um die Liste der Präparate im Indikationsgebiet zu nehmen und zu sagen, wir machen das auch. Wenn Sie rückverfolgen, wann die Patentanmeldungen waren, so waren damals ein oder zwei Betablocker überhaupt am Markt. Ja, 1974 war die Patentanmeldung, aber die Idee wird ja vor einer Patentanmeldung geboren. Das heißt, Sie müssen weitere zwei bis drei Jahre zurückrechnen.

Pittner: Die Idee zu einem Betablocker der Chemie Linz wurde 1968 geboren.

Ferber: Das paßt mit dem, was Sie, Herr Dr. Martin, gesagt haben, überhaupt nicht überein. Und sehen Sie, damit werden Sie für mich suspekt.

Wenn ich das einmal so sagen darf. Damit kommen Sie in die Form der Demagogie hinein.

Belabed: Ich bin Wirtschaftsforscherin am Institut für Sozial- und Wirtschaftswissenschaften in Linz. Ich würde gern auf das Problem der Arzneimittelinformation zurückkommen. Ich frage mich, ob viele Probleme, insbesondere im Bereich der Ärzte, nicht einfach dadurch entstehen, daß diese Information in den meisten Ländern ausschließlich über die Schiene der Hersteller läuft. Und ich frage mich, ob es nicht sinnvoll wäre, sich auf schwedische Erfahrungen zu besinnen, die die Arzneimittelinformation auf regionaler Ebene in Form von Gremien durchführen, in denen unter anderen auch die Arzneimittelindustrie und unabhängige Sachverständige vertreten sind. Es ist also eine Frage, ob man nicht die Information über Arzneimittel an die Ärzte über verschiedene Schienen laufen lassen könnte.

Moebius: Ich finde, daß es ein schlechtes Klischee ist, wenn wir hier das Wort Märchen gebrauchen. Die Tatsache, daß man einen Betablocker „Selectol" nennt, ist schon ein Etikettenschwindel. Man kann nämlich nicht ganz selektiv nur bestimmte Betarezeptoren blockieren, das geht einfach nicht und das Mittel ist also bei grenzwertig veränderten Lungenfunktionsstörungen deutlich kontraindiziert. Und da stoße ich mich einfach daran, ich will also nicht sagen, Selectol ist ein schlechter Betablocker, sondern das Wort Selectol ist für sich schon ein Märchen, weil es einfach pharmakologisch nicht geht und ich hoffe, Herr Forth stimmt mir einmal ausnahmsweise zu.

Zum Thema „Arzneimittelinformation": Alle möglichen Leute versuchen sich darin, auch bei uns das Bundesgesundheitsamt. Nur, diese Informationen sind kaum lesbar, weil sie so staubtrocken abgefaßt werden, daß sie die Ärzte gar nicht beachten. Ich glaube, die Hochschule muß es lernen, so wie es die Autoren der „Bitteren Pillen" gemacht haben, die Sprache Martin Luthers zu gebrauchen, um sich den Patienten und seinen Problemen zu nähern. Das ist eine ausgezeichnete Sache und ich bewundere eigentlich die Autoren der „Bitteren Pillen", daß sie endlich eine Anspracheform entwickelt haben, die Leute aufzuklären. Denn das fehlt ja unserem Fach, das werfe ich auch unserer Standesvertretung vor, daß wir nicht in der Lage sind, Probleme zu artikulieren und Probleme zu lösen. Und ich finde, dieses Symposium könnte ein Anfang sein, ein Anfang im Sinne eines kritischen Dialogs. Wir haben einen Katalog von über 100 absturzgefährdeten Wirkstoffen. Und nun ist die Frage: Muß man in der Öffentlichkeit die große Keule schwingen, muß man also das Publikum aufklären, damit es das Wartezimmer und dann das Sprechzimmer aufklärt mit allen Rückwirkungen auf das Image der Industrie? Das ist also der berühmte „Fischfangwurm-Effekt". Wenn Sie ihn weiter pflegen wollen, über das Jahr 2000 hinaus, dann verweigern Sie den Dialog, dann machen Sie genauso weiter, wie Sie das bisher getrieben haben. Aber wenn der Vertreter der Pharmig heute schon gewisse Zugeständnisse an die „Bitteren Pillen" macht, dann könnte das ein Indiz sein, daß man zumindest hier in Österreich dazugelernt hat. Ich finde, daß es einfach kein guter Stil ist, wenn man uns mit einstweiligen Verfügungen überzieht, wenn man versucht, mich selbst kaputt zu machen, wie das die Hoechst AG zur Zeit betreibt, über Streitwerte von 250.000,– bis 500.000,– Mark, um eine kritische Stimme auszulöschen. Es ist auch viel vernünftiger, wenn man ein schlechtes Produkt hat, dieses schlechte Produkt zu eliminieren, als die Kritiker zu eliminieren. Das kommt im Endeffekt für die Pharma-Industrie viel billiger und vielleicht gelangt man hier zu einem heilsamen Dialog.

Diskussionsleiter: Ich bin sehr froh, daß Dr. Moebius das Thema auf die breitere Perspektive, nämlich auf die Medienproblematik zurückgeführt hat. Denn es stellt sich nun zweierlei heraus: Das Problem der Verständlichkeit ist ein ganz zentrales. Hier haben die Medien eine gewaltige Funktion. Die Frage ist immer wieder nur, ob wir erst Skandal machen müssen, um diesen Aufmerksamkeitswert beim Leser zu erreichen. Mir scheint doch, daß die Medien hier de facto als eine Art Vierte Gewalt der Kontrolle funktionieren, ob wir es wollen oder nicht.

Kunz: Ich glaube, daß man sich als Journalist, als verantwortungsbewußter Journalist, natürlich ganz klar in dieser Frage zu einem aufklärerischen Journalismus äußern muß. Das heißt: Man muß sagen, daß der Herr Martin, wie immer man hier in diesem Auditorium zu manchen Thesen, die er vertritt, stehen mag, etwas bewegt hat. Er hat erreicht, daß sich eine breite Öffentlichkeit mit dieser Thematik befaßt und hat damit einen Diskussionsprozeß in Gang gebracht. Das ist sicher ein Weg. Und das ist letztlich ein positiver Weg, wenn er verantwortungsbewußt gegangen wird.

Kafka: Eine ganze Reihe Aussagen von heute könnten vielleicht zukunftsweisend sein. Erstens ist da einmal die höhere Akzeptanz, daß die Industrie sehr bereit ist, den Dialog zu führen. Ich glaube, daß man in vielen Bereichen, vor allem bei wirklichen Fachbereichen, nicht a priori die Keule der Öffentlichkeit, des Mediums braucht, um den Dialog fortzusetzen. Es ist aber immer gut, auch Information zu haben. An die Journalisten habe ich die Bitte, wirklich die Verantwortung auch hier in den Vordergrund zu stellen. Denn es ist sicherlich oft sehr, sehr problematisch geworden, wenn man, oft sind es auch Zeitgründe, nur eine oder zwei Stimmen hört und oft auf Zufallstreffer angewiesen ist. Es kommen dann Informationen zustande, die mit der Realität herzlich wenig zu tun haben. Jede Korrektur im nachhinein ist, wie unsere Medienfachleute wissen, besonders problematisch, sie ist nur mehr ein Zehntel von dem wert, was die erste Nachricht wert war. Ich bitte daher eindringlich, daß wir selbst erst für uns finden müssen, den offenen Dialog mit dem Journalismus auch von unserer Seite aus zu führen. In den Branchen ist es teilweise durchaus schon üblich geworden, wenn eine gewisse Vertrauensbasis da ist, über Internas zu sprechen. Ich höre jetzt, daß es Verkaufszahlen teilweise nicht gegeben hat, wahrscheinlich hat es die nicht gegeben, weil die Betroffenen Schwierigkeiten bekamen. Und trotzdem richte ich noch einmal den Appell an unsere eigenen Leute, hier offen zu sein. Es führt kein Weg an dieser gemeinsamen Basis vorbei, sowohl in der fachlichen Dimension, als auch in der Dimension der Diskussion und des Offenlegens von Dingen. Ich glaube, daß sehr viel in den letzten Jahren geschehen ist, mehr als man weiß. Ich freue mich sehr über die Aussage in Bezug auf Deutschland, auf die Pharma-Industrie Deutschlands, daß hier ein Anerkennen auch von der journalistischen Seite gegeben ist, daß Veränderungen gesetzt worden sind. Ich glaube unsere Aufgabe wird es auch in den nächsten Jahren sein, ein fast unbewältigbares Pensum zu bewältigen. Nämlich technischen Fortschritt einer großen Bevölkerung offenzulegen und gleichzeitig dadurch nicht auf einen falschen Weg zu kommen. Zweitens: Den Dialog im Unternehmen zu verstärken und dadurch mehr offene Kritik auch in den eigenen Reihen zu empfangen und auch dann zu verwerten. Und das Dritte ist natürlich, den Entwicklungen Rechnung zu tragen, einer pluralistischen Gesellschaft wesentlich mehr entgegenzukommen, als das in der Vergangenheit vielleicht der Fall war.

Martin: Mir wird es zuviel Süßholz, nicht aus Prinzip, sondern einfach um auf Inhalte zurückzukehren. Erstens die Betablocker: Die Informationen, auf die ich mich gestützt habe, haben sich auf den Vertrieb und auf die konkrete Marketing-Situation bezogen. Ich war nicht informiert und höre das jetzt mit Interesse – und würde dem gerne nachgehen – wie die Entwicklung des Produktes von seinen Anfängen her war. So wurde mir das aber selbst von Leuten, die in der Chemie Linz arbeiten, erzählt und zwar als Dilemma erzählt, daß man da mit Produkten zu tun hatte, die man eigentlich schon längst nicht mehr wollte, bei denen man erst im nachhinein gemerkt hat, daß man sich da viel zu sehr engagiert hat. Was die Zahlen betrifft, die Herr Kafka wieder angesprochen hat, die es in der Vergangenheit für uns nicht gegeben hat, da muß ich widersprechen – in der Vergangenheit hat es diese Zahlen eben gegeben! Wir waren in der Lage und auch Herr Moebius war in der Lage, konkrete Marktzahlen, Verkaufszahlen über Produkte zu veröffentlichen. Eigentlich, so würde man meinen, eine Selbstverständlichkeit. So wie auch Herr Kunz heute von Seherbeteiligungen sprechen konnte und die auch offengelegt hat ohne zu sagen: „Wir sagen euch aber nicht, wie eure Werbespots ankommen und wir sagen euch auch nicht, wie unsere Sendungen ankommen“. In dieser Mentalität reagiert weiterhin die Gegenseite. Jetzt ist uns nämlich nicht mehr möglich, diese Zahlen zu veröffentlichen. Es sind Zahlen, die im öffentlichen Interesse liegen. Auch das Österreichische Gesundheitsministerium ist dieser Ansicht, zumindest in den entsprechenden Sachbereichen, kann sie sich aber selber nur auf Umwegen beschaffen. Wir meinen deshalb, daß diese Zahlen von öffentlichem Interesse sind, weil man nur mit konkreten Fakten – und das wissen Sie von der Industrie doch viel besser als wir Journalisten – Marktpotentiale, in diesem Fall Risikopotentiale abschätzen kann. Wenn irgend etwas im Banne steht, muß man doch wissen: Wie sehr betrifft das unser Unternehmen, wie sehr betrifft das unsere Behörde, wie sehr betrifft das die österreichische Bevölkerung? Das ist für mich ein ganz ungeheurer Skandal und somit möchte ich jetzt einfach in dieses Süßholz hineinsagen: Legen Sie doch Ihre Verkaufszahlen offen! Legen Sie doch offen, was in diesem Lande an wen, wo verkauft wird und dann kann man über die Qualität des Arzneimittelmarktes wieder besser weiter reden.

Kafka: Nur damit die Bäume auf beiden Seiten nicht in den Himmel wachsen: Warum es so schwierig ist, diese Zahlen zu bekommen, legt vielleicht der Anfang Ihres Referates klar. Sie greifen in der Veranstaltung der Chemie Linz diese an, in Bezug auf ein Produkt und geben in weiterer Folge zu, daß Sie heute erstmals hören, wie die wirklichen Gegebenheiten waren.

Martin: Ich habe aber nicht über die Entwicklung des Produktes, sondern über das Marketing gesprochen.

Kafka: Wenn das nicht ein typischer Beweis dafür ist, wie wenig wir miteinander reden und wie schwierig es daher sein muß, diese Informationen weiterzugeben und welchen weiten Weg zu dem gemeinsamen Ziel wir noch haben, das wir offenbar beide anstreben, dann ist das sicherlich nicht das Süßholz, das wir beide vielleicht auch nicht wollen.

Ferber: Ich möchte trotzdem noch einmal, ohne eine Betablocker-Diskussion zu führen, noch einmal auf die Mitteilungen zurückkommen, die er über Chemie Linz-Mitarbeiter bekommen hat. Ich muß dazu sagen, daß wir tatsächlich in den letzten zwei, drei Jahren eine große Revision unserer Forschungsaufgaben getätigt haben. Wir sind zum Teil – und da muß ich ihm rechtgeben – von den Entwicklungen im Weltmarkt überrollt worden und haben einfach unsere ganze Philosophie ändern müssen. Im Falle Selectol war es anders, weil wir uns hier auf wirklich führende Kardiologen in Österreich berufen haben, die uns geraten haben, dieses Produkt neu einzuführen. Inwiefern Zahlen offenzulegen sind, liegt nicht in meinem Ressort.

Forth: Ich bin eigentlich auch der Meinung, daß wir realistisch bleiben sollten. Es gibt natürlich Dissens in einigen Bereichen, der aber ausgetragen werden kann unter vernünftigen Leuten mit vernünftigen Worten, Herr Moebius, ich könnte mich bei vielen Dingen auch mit Ihnen identifizieren. Ich habe nie gegen Dr. Martin Stellung genommen, sondern ich habe die erste Buchbesprechung über „Die bitteren Pillen" geschrieben. Und darin steht: Wissensvermittlung kann nicht unter Strafe gestellt werden. Und wir haben eines vermieden, darüber zu diskutieren, wie Wissensvermittlung an den Verbraucher, nämlich den Patienten kommt. Ich werde das hier nicht vertiefen, aber gehen Sie bitte mit nach Hause und sagen, daß das eines der ganz schlecht bestellten Felder ist. Weder in Ihrem Lande, noch in meinem wird Biologie als Humanbiologie in den Schulen gelehrt. Glauben Sie doch nicht, daß der gläserne Industriebetrieb auch ein gläsernes Gehirn hat! Und die Dame vorhin hat ein Stichwort gegeben: Die Verwendung der schwedischen Zahlen. Sind Sie in Österreich der Meinung, daß wir, wenn Sie den gläsernen Betrieb propagieren, tatsächlich außerhalb der Konkurrenzsituation auf dieser Welt stehen? Die Diskussionen um ganz bestimmte Mittel werden unter kompetitiven Vorzeichen durchgeführt, da gibt es Marktverdrängungsstrategien und am schönsten ist es, wenn man einem Konkurrenzprodukt eine unerwünschte Wirkung ans Bein hängen kann. Das sind doch Realitäten, die können Sie doch nicht vergessen! Insofern kann man natürlich mit diesen Nachrichten auch Unfug treiben. Das war jetzt keine Kritik an Dr. Martin, aber das wird benutzt, um ganz bestimmte Verdrängungsstrategien zu machen, davon kann ich Ihnen einiges erzählen. Und deswegen wird, wenn wir realistisch bleiben, ein gewisser Teil dieser Zahlen sehr wohl unter Verschluß bleiben. Ich gestehe Ihnen ganz freimütig: Ich bin immer an alle Zahlen gekommen, die ich wollte. Allerdings habe ich sie nicht immer publiziert, das war die Voraussetzung.

Diskussionsleiter: Danke, Herr Professor Forth. Meine Damen und Herren, ich glaube, mein Nachbar hat in seiner treffenden Formulierung vom nicht vorhandenen „gläsernen Gehirn" eines der Grundprobleme unserer Diskussion angesprochen und sie damit auch zu einem Zwischenfazit gebracht. Angesichts der fortgeschrittenen Zeit will ich aber keine weitere Diskussionsrunde aus dem Plenum zulassen. Ich möchte mich zunächst bei der Pharma Linz bedanken, der es offenkundig gelungen ist, mit dieser Veranstaltung das Signal eines neuen Aufbruchs zu setzen. Und ich bedanke mich auch bei Ihnen, die Sie mit Rede, Einwurf und Gegenrede zu diesem Gelingen beigetragen haben. Sollte Ihnen eines unserer Referate wirklich nicht gefallen haben, so möchte ich Sie an einen Satz von Thomas Mann erinnern: „Sympathie zu erregen und Ärgernis ist das Los jedes irgendwie prononcierten Menschen" ... und „irgendwie prononciert" sollten Vortragende ja sein, eigentlich jeder von uns, es ist dies also als ein Vorzug zu werten. Ich jedenfalls habe diese Beiträge im Sinn der Veranstaltungsdramaturgie als äußerst belebend empfunden und bin über die Offenheit des Dialoges überrascht gewesen. Ich darf Ihnen angesichts dieses wunderschönen Oktobertages noch eine glückliche und gute Heimreise wünschen.

Autorenverzeichnis

Univ.-Prof. Dr. J. Drews
Hoffmann La-Roche AG, Leiter der Konzernforschung, CH-4002 Basel

Univ.-Doz. Dr. H. Ferber
J.-W.-Goethe-Universität, Abteilung für Experimentelle Anästhesie-ZAW, Theodor-Stern Kai 7, D-6000 Frankfurt

Univ.-Prof. Dr. W. Forth
Walther-Straub-Institut für Pharmakologie und Toxikologie der Ludwig-Maximilians-Universität München, Nußbaumstraße 26, D-8000 München 2

F. Kafka
Gen.-Dir. der Henkel Austria Ges. m. b. H., Erdbergstraße 29, A-1030 Wien

J. Kunz
Informationsintendant des ORF, Würzburggasse 30, A-1136 Wien

Dr. F. Löschnak
Bundesminister für Gesundheit und Öffentlichen Dienst, Ballhausplatz 1, A-1010 Wien

Dr. H.-P. Martin
„Der Spiegel", Postfach 110 420, D-2000 Hamburg 11

Dr. U. M. Moebius
Petzower Straße 7, D-1000 Berlin 39

Dr. M. Neumann
Präsident der Österr. Ärztekammer, Weihburggasse 10–12, A-1010 Wien

A. Payrleitner
Hauptabteilungsleiter Wissenschaft und Bildung des ORF, Würzburggasse 30, A-1136 Wien

Dr. P. M. Plechl
Stellvertretender Chefredakteur „Die Presse", Parkring 12a, A-1010 Wien

Dr. C. A. Teijgeler
Vorsitzender des C. P. M. P., College Terbeoordeling van Geneesmiddelen, NL-Rijswijk

FSC
www.fsc.org
MIX
Papier | Fördert gute Waldnutzung
FSC® C083411

Kolibri 360 GmbH
Ferdinand-Jühlke-Straße 7
99095 Erfurt, Deutschland
produktsicherheit@kolibri360.de